ONZIÈME

des Orienta...

PARIS 1897

EXPOSITION

DE LA

BLIOTHÈQUE NATIONALE

ERNEST LEROUX

ÉDITEUR

EXPOSITION

DE LA

BIBLIOTHÈQUE NATIONALE

A L'OCCASION DU

CONGRÈS DES ORIENTALISTES

ANGERS. — IMPRIMERIE ORIENTALE DE A. BURDIN

BIBLIOTHÈQUE NATIONALE

HOIX DE MANUSCRITS

D'IMPRIMÉS
DE CARTES ET DE MÉDAILLES

EXPOSÉS A L'OCCASION

DU

Congrès des Orientalistes

SEPTEMBRE 1897

PARIS

ERNEST LEROUX, ÉDITEUR

28, RUE BONAPARTE, 28

1897

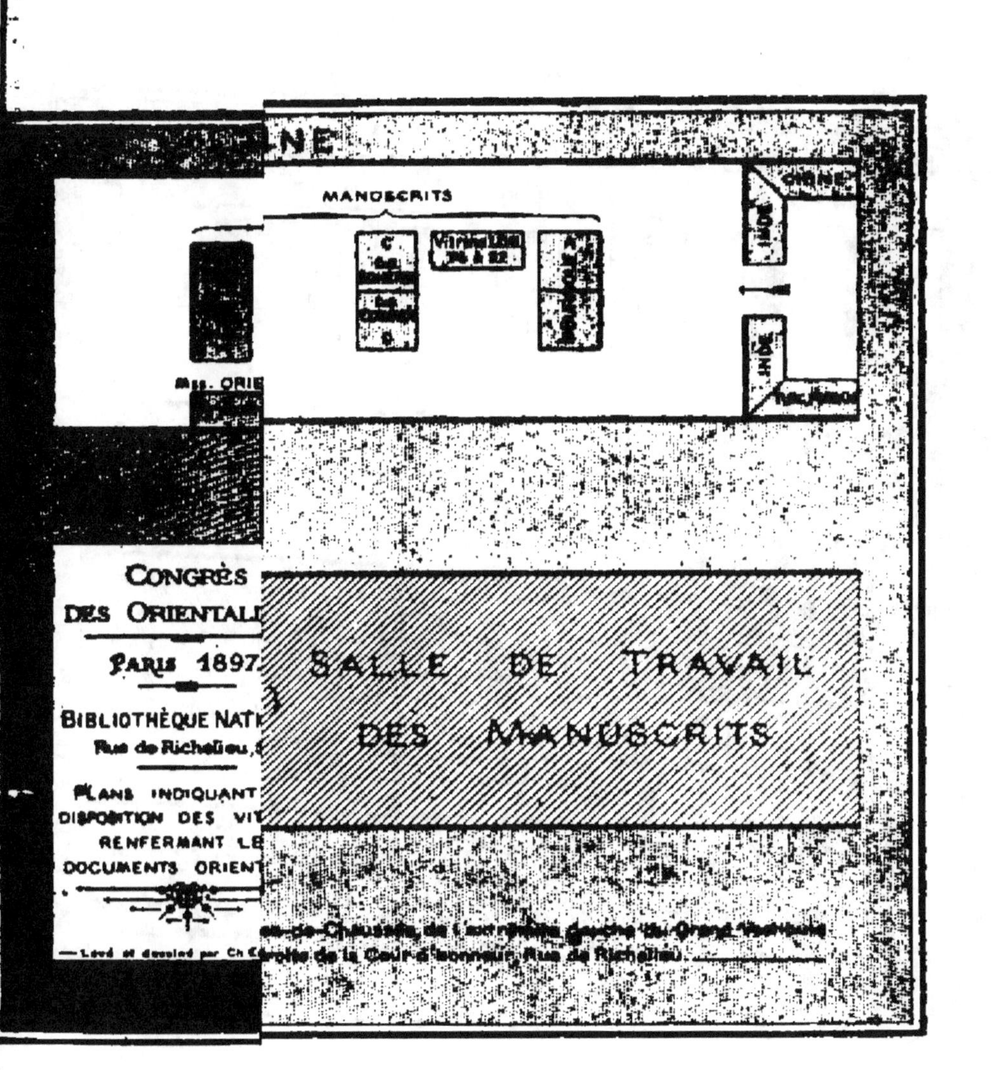
MANUSCRITS
SALLE DE TRAVAIL DES MANUSCRITS
CONGRÈS
DES ORIENTAL[ISTES]
PARIS 1897
BIBLIOTHÈQUE NATI[ONALE]
Rue de Richelieu, 8
PLANS INDIQUANT
DISPOSITION DES VIT[RINES]
RENFERMANT LE[S]
DOCUMENTS ORIENT[AUX]
Levé et dessiné par Ch C[...]

GALERIE MAZARINE
IMPRIMÉS
MANUSCRITS GRECS
BIBLIS POLYGLOTTES
CARTE CATALANE
IMPRIMÉS
MANUSCRITS
CHINE
INDE
INDE
TURC PERSAN
MSS. ORIENTAUX
PLAN D'ENSEMBLE
MANUSCRITS
CONGRÈS DES ORIENTALISTES
PARIS 1897.
BIBLIOTHÈQUE NATIONALE
Rue de Richelieu, 58
PLANS INDIQUANT LA DISPOSITION DES VITRINES RENFERMANT LES DOCUMENTS ORIENTAUX
Levé et dessiné par Ch. Émonts
Expédition d'Égypte
VESTIBULE DU 1er ÉTAGE
SALLE DE TRAVAIL DES MANUSCRITS
CHINE
CHINE
MANUSCRITS
PARNASSE
FRANÇAIS
GALERIE MAZARINE
ARABE
ORIENTAUX
Entrée de la Galerie Mazarine

MANUSCRITS ORIENTAUX

EXPOSÉS TEMPORAIREMENT DANS LE

VESTIBULE DE LA GALERIE MAZARINE

1. — PENTATEUQUE, traduction arabe faite sur la version des Septante, avec les variantes des textes hébreu et copte, et des notes marginales en écriture ta'lik. Copie de l'an 754 de l'hégire, ou 1353 de J.-C. — *Arabe*, 12.

2. — CORAN, copie calligraphique en caractères se rapprochant de l'écriture coufique, exécutée probablement à Grenade et datée de 703 de l'hégire, ou 1304 de J.-C. — *Arabe*, 385.

3. — Histoire de l'Égypte, par Djamâl al-Din Aboù 'l-Mahâsin Yoûsef ibn TAGHRI BARDÎ, troisième volume (524-675 a. h.); manuscrit autographe, daté de l'an 860 de l'hégire, ou 1456 de J.-C. — *Arabe*, 1779.

4. — Histoire de Bagdad, par ABOÙ BAKR AHMAD IBN 'ALÎ IBN THABÎT. Copie datée de l'an 633 de l'hégire, ou 1235 de J.-C. — *Arabe*, 2128.

5. — Chronique d'Aboù 'l-Fidà, avec corrections autographes de l'auteur et plusieurs feuillets écrits de sa main. — *Arabe*, 1508.

6. — Histoire d'Alep, par Kamâl al-Dîn, surnommé Ibn al-'Adim. Copie faite sur l'original autographe et datée de 666 de l'hégire, ou 1268 de J.-C. — *Arabe*, 1666.

7. — Protocole de la chancellerie égyptienne, du règne de Barasbâï, sultan mamlouck circassien († 1438). Exemplaire contemporain. — *Arabe*, 4439.

8. — Dictionnaire biographique de l'Égypte, par Al-Maqrizi; manuscrit autographe. — *Arabe*, 2144.

9. — Traité de géographie, composé par Idrîsi, vers le milieu du xiie siècle, à la cour de Roger II, roi de Sicile. Exemplaire avec nombreuses cartes, copié en écriture maghrébine, du xiiie siècle. — *Arabe*, 2221.

10. — Dioscoride, Matière médicale, avec figures peintes, traduction arabe. Exemplaire copié par Hichâm ben Moùsa ben Yoùsef Mesihi, médecin, dit Ibn el-Banesvâb, en écriture du xiiie siècle. — *Arabe*, 4947.

11. — Coran, en écriture microscopique du xviie siècle. Rouleau. — *Arabe*, 5102.

12. — Octateuque, en éthiopien, copié sous le règne du roi Yekoùnò-Amlàk (1262-1277). — *Éthiopien*, 3.

13. — Petit recueil de PRIÈRES en éthiopien et en amharique, qui passe pour avoir appartenu au roi Théodoros. (Don de M. Schœlcher.) — *Éthiopien,* 177.

14. — SYNAXAIRE, contenant la liturgie pour le Carême. Ms. en partie palimpseste. — *Géorgien,* 17.

15. — Recueil d'HYMNES à l'usage de l'église Arménienne. Ms. calligraphique, avec miniatures, copié en 768 de l'ère des Arméniens, ou 1319 de J.-C. — *Arménien,* 32.

16. — NOUVEAU TESTAMENT (moins les Évangiles), texte grec et traduction arménienne, avec une version italienne ajoutée postérieurement. La traduction arménienne est peut-être de la main de Nersès de Lampron, archevêque de Tarse († 1198). — *Arménien,* 9.

17. — ÉPÎTRES DE S. JEAN, en onciale copte, avec miniatures, du XII° siècle. Ces feuillets font partie d'un lot considérable de mss. coptes découverts par M. Maspero dans le monastère de Schenoudi, ou *Monastère blanc,* sur la rive gauche du Nil, en face d'Akhmîm. — *Copte,* 129,11.

18. — ÉVANGILES, avec peintures, en onciale copte, du XII° siècle. — *Copte,* 13.

19. — ÉVANGILES et ÉPÎTRES, en syriaque, selon la version simple en écriture estrangelo. Copié l'an 1575 des Grecs, ou 1223 de J.-C. par le prêtre Jean, du monastère de Mar Mikaël, sur les bords du Tigre. — *Syriaque*, 297.

20. — Tables astronomiques de Naçir ed-Din Toùsi († 672). Ms. copié par Açil ed-Din, fils de l'auteur. — *Persan*, 163.

21. — *Modjmel al-Tewarikh*, sommaire des chroniques de la Perse, composé en 520 de l'hégire, ou 1126 de J.-C., et copié en 823, ou 1420 de J.-C. — *Persan*, 62.

22. — Chronique des peuples et des rois, par Tabari, première rédaction ; en écriture neskhi, du xiiie siècle. — *Persan*, 63.

23. — *Pherak Nameh*, le Livre de la Séparation, poème de Djemal ed-Din Selman Savedji. Exemplaire calligraphié, du xvie siècle. — *Persan*, 243.

24. — Histoire des prophètes, des rois anciens et des siècles passés, par Ishak ben Ibrahim ben Mançour Nichàpoùri. Exemplaire calligraphié daté de l'an 989 de l'hégire, ou 1581 de J.-C. — *Persan*, 54.

25. — Morakka'a, modèles de calligraphie, contenant différentes pièces signées de Mir 'Ali, de Mahmoûd ben Ishàk, de Sultàn 'Ali Mechhedi, d''Ali el-Kàtib, etc., et pouvant dater du xvie siècle. — *Persan*, 129.

26. — *Séances des Amants*, recueil de biographies de savants et surtout de mystiques, en prose et en vers, par sultàn Hoseyn ben Sultan Mançour. Exemplaire calligraphié, avec miniatures, du XVIe siècle. — *Supplément persan*, 775.

27. — *Bôstân* de SADI, avec miniatures, du XVe siècle. — *Supplément persan*, 1187.

28. — HISTOIRE poétique DE MAHOMET et des quatre premiers califes, avec miniatures, du XVIIIe siècle. — *Supplément persan*, 1030.

29. — *Chah-nameh*, histoire des anciens rois de Perse, en vers, par ABOU 'L CASSEM MANSOUR, fils de Ahmed Ferdoucy. Exemplaire copié en 1012 de l'hégire, ou 1604 de J.-C., avec miniatures, et provenant de la bibliothèque des rois de Perse, de la dynastie des Sofis. — *Supplément persan*, 490.

30. — Les levers du bonheur et la source de la souveraineté dans la science des talismans, par SIDI MOHAMMED, fils de l'émir Hassan Al-Saoudi, composé en 990 de l'hégire, ou 1582 de J.-C., avec miniatures. — *Supplément turc*, 242.

31. — Œuvres complètes de NEVAÏ, en langue djagataï ; ms. copié peu après la mort de l'auteur, à Hérat, en 930 de l'hégire, ou 1524 de J.-C., avec miniatures. — *Supplément turc*, 316.

32. — TEZKEREH-I-EVLIÀ, mémorial des saints, ms. ouïgour, publié en 1889 par A. Pavet de Courteille ; l'un des spécimens les plus beaux et les plus rares de la calligraphie orientale, avec miniatures, du commencement du xv° siècle. — *Supplément turc* 190.

33. — Viraf Nameh, manuscrit guzarati, avec peintures. — *Indien*, 76.

34 — Livre du Minokhired, en pazend et en sanscrit, daté de 1646, provenant d'Anquetil-Duperron. — *Supplément persan*, 37.

35. — Panja Grantha de Nânak, livres sacrés des Sikhs ; manuscrit pendjabi. — *Indien*, **227**.

36. — Manuscrit lolo, provenant de la mission Pavie. — *Lolo*, 3.

37. — Recueil de talismans des indigènes de Madagascar ; ce ms. était conservé au xviii° siècle dans l'abbaye de Saint-Germain-des-Prés de Paris. — *Madécasse*, 1.

38. — Manuscrit en langue et écriture batta. — *Batta*, 15.

39. — Rig Veda-Samhitâ, manuscrit sanscrit. — *Sanscrit-Devanagari*, 199.

40. — Yajurveda-samhitâ, manuscrit sanscrit. — *Sanscrit-Burnouf*, 17.

41. — Vendidâd zend et pehlvi, daté de 1127 de Yezdegerd, ou 1758 de J.-C., provenant d'Anquetil-Duperron. — *Supplément persan*, 39.

FRAGMENT DU MANUSCRIT DUTREUIL DE RHINS

(Bibliothèque Nationale)

FRAGMENT

42. — YAJURVEDÂ-VAJASANEYÎ-SAMHITÀ PADAPÀTHA, manuscrit sanscrit, de 1635. — *Sanscrit-Burnouf*, 13.

43. — Fragments de ms. sur écorce de bouleau, en caractères kharoshthî, trouvés en 1892 par la mission Dutreuil de Rhins sur la rive du Karaxash Daria, à 21 kilomètres au sud de Khotan. Ils contiennent des parties d'une recension, en prâcrit du Gandhâra, du Dhammapada. C'est suivant toute apparence le ms. indien le plus ancien qui soit jusqu'ici connu.

44. — MAJJHIMA-NIKÀYA, seconde partie ; manuscrit pâli sur olles, à l'encre, variété du caractère birman carré. — *Pâli*, 254.

45. — BOROMAT ou PARAMATTHA, commencement du Sanganî, premier livre de l'Abhidhamma ; manuscrit pâli sur olles, à l'encre, variété du caractère cambodgien-siamois (type reproduit dans *l'Essai sur le Pâli*). — *Pâli*, 239.

46. — VO-VONG, roman cambodgien ; fascicule d'un ms. Copie sur olles, en caractère cambodgien. — *Cambodgien*, 73.

47. — TARKA-BHÀSHÀ. traité de philosophie Nyâya ; manuscrit sanscrit sur olles, en caractère grantha. — *Sanscrit-Grantha*, 27.

48. — SÂRATTHA-DÎPANÎ ; manuscrit pâli, en caractères singhalais, sur olles, copié vers le XIIIᵉ siècle (n° 149 du catalogue Burnouf). — *Pâli*, 45.

49. — VESSANTARA-JÀTAKÀYA ; manuscrit singhalais, sur olles ; traduction du Vessantara-jàtaka, en caractères singhalais (n° 211 du catalogue Burnouf). — *Singhalais*, 14.

50. — KRISHNA-ÇATAKAMU ; manuscrit télinga, sur olles, en caractère télinga (n° 160 du catalogue Burnouf). — *Télinga*, 32.

51. — NIDISÀRAM, traité de morale ; manuscrit tamoul, sur olles, copié vers 1740. — *Tamoul*, 72.

52. — INSCRIPTION DE RAMRÎ (Reproduction de l'); manuscrit sur olles, en caractère birman carré. — *Birman*, 27.

53. — GARUDA PURÀNA ; manuscrit sanscrit, sur olles, en caractères nagram. — *Sanscrit-Nagram*, 4.

54. — YAJUR-VEDA (Traduction du), en langue et caractères malayalam. — *Indien*, 120.

55. — PANCA-RAKSHÀ ; manuscrit sanscrit-bouddhique, en caractère du Népal (n° 104 du catalogue Burnouf). — *Sanscrit-Devanagari*, 286.

56. — NYÀYA-TATTVA-CINTAMANI ; manuscrit sanscrit, sur olles, à l'encre, en caractères bengalis. — *Sanscrit-Bengali*, 100.

57. — GANGÀ-MAHATUM ; manuscrit, sur olles, en langue et caractères uriya (n° 72 du catalogue Burnouf). — *Indien*, 197.

58. — Manuscrit javanais sur bambou, en langue et écriture Lampong. — *Malais-Javanais*, 100.

58 *bis*. — PHRA-NINTHIN, Calendrier astrologique pour les douze années du cycle; manuscrit siamois, en forme de paravent, avec figures peintes.— *Siamois*, 49.

59. — BKAH-HGYUR-CHEN-MO, La grande Kandjour; premier feuillet d'un vaste recueil de textes du Kandjour, orné de figures peintes. — *Tibétain*, 10.

60. — Deux feuillets, l'un en tibétain, l'autre en mongol, écriture blanche et or, sur papier bleu, détachés d'un recueil de fragments. — *Tibétain*, 12.

61. — *Ta tshin king kiao lieou hing tchong koe pei*. Inscription relative à la diffusion en Chine de la religion de Ta tshin. Estampage de l'inscription chrétienne de Si 'an fou, datée de Kien-tchong, 2ᵉ année = 781. — *Nouveau fonds chinois*, 2206.

62. — *Htyen syang ryel tchä poun ya tji to*. Planisphère céleste portant la division en constellations. Estampage pris sur une pierre gravée qui se trouve au Bureau d'astrologie à Seoul; cette pierre est une réplique d'une pierre plus ancienne, qui date de 1395 et qui subsiste encore, bien que dans un état un peu fruste. — *Nouveau fonds chinois*, 3470.

63. — Décret, sous forme de lettre ouverte, adressé par l'Empereur aux Européens résidant en Chine; en

mantchou, chinois et latin (55e année Khang hi =
1716). — *Nouveau fonds chinois, 2743.*

64. — « Arte breve || Da Lingoa japoa tirada || da arte
grande da mesma || lingoa, para os q̄ começam a ||
aprender os primeiros pri-||cipios della. || Pello Padre
João Rodriguez da Companhia de Jesu Portuguez ||
do Rispado de Lamego. || Divididas ē tres || Livros. ||
Com Licença do ordinario, e || Superiores. Em Ama-
cao no || Collegio da Madre d' Deos || da Companhia
d' Jesu. || Anno · CIƆ · IƆC · XX. » In-8°. — *Nouveau
fonds chinois, 1069.*

65. — *Ta ming hoei tien.* Statuts de la dynastie des
Ming; grande édition de Oan li, 15e année = 1587.
16 vol. in-folio. — *Fourmont. 91.*

66. — *Yu tchi cheng king fou.* Éloge de Moukden,
composé par l'Empereur; précédé d'un décret de
Khien long, 13e année = 1748, et de la liste des fonctionnaires qui ont surveillé l'impression de l'ouvrage.
Le texte de la poésie impériale est reproduit en un
grand nombre d'écritures anciennes. 4 vol. in-folio.
— *Nouveau fonds chinois, 1010.*

67. — *Chi ging ni bitkhe* Le Chi king, en mantchou;
traduction accompagnée du commentaire de Tchou
Hi (xviiie s.). 3 vol. in-folio. — *Nouveau fonds chinois, 570.*

68. — « Arte de la lengua mandarina, compuesto por

el M^ro P^re Fr. Francisco Varo, de la sagra orden de
N. P. S. Domingo... Impreso en Canton, ano de
1703. » In-4. — *Imprimés*, Réserve PX 156.

69. — *Man han si fan tsi yao.* Vocabulaire sanscrit,
tibétain, mantchou, mongol, chinois, contenant prin-
cipalement des termes bouddhiques. In-4°. — *Nouveau fonds chinois*, 1093.

70. — Écritures des peuples tributaires de la Chine ;
vocabulaires par ordre méthodique et recueil de
pièces dans les différentes langues des peuples tributaires ou voisins de la Chine : tibétain, sanscrit,
ouïgour, persan, etc. 2 vol. grand in-8°, manuscrits.
— *Nouveau fonds chinois*, 986.

71. — *Mong kou tseu thien ven li.* Traité d'astronomie, en mongol. 2 vol. in-folio. — *Nouveau fonds
chinois*, 980.

72. — « Guia do pecador. || In Collegio Japonico ||
Societatis Jesu || Cum facultate Ordinarij et Superio-
rum || Anno 1599. » Traduction du Guia de Peca-
dores du Fr. Luis de Granada, en 2 vol. gr. in-8°. —
Nouveau fonds chinois, 1059.

73. — *Ryel syeng e tjyei.* Œuvres des rois de Corée ;
depuis Htai tjo (1392-1398) jusqu'à Hen tjong (1834-
1849), publiées par ordre royal. 10 vol. in-folio et
in-4°. — *Nouveau fonds chinois*, 2125.

74. — « Brevis Relatio eorū, || quæ spectant ad Declaratio‖nem Sinarū Imperatoris ‖ Kam Hi ‖ circa Cœli, Cumfucii, et Avorū‖ cultū, datam anno 1700. ‖ Accedunt Primatū, Doctissimo-‖rūq virorū, et antiquissimæ Tra‖ditionis testimonia. ‖ Operâ PP. Societ. Jesu Pekini pro ‖ Evangelij propagatione laborantium. » In-8º. — *Nouveau fonds chinois*, 925.

75. « Innocentia ‖ Victrix ‖ Sive ‖ Sententia Comitiorum Imperij Sinici ‖ Pro ‖ Innocentia ‖ Christianæ religionis ‖ Lata juridicè per Annum 1669‖. Jussu R. P. Antonij de Gouvea Soc^is‖ Jesu, ibidem V. Provincialis ‖ Sinico-Latinè exposita ‖ In Quàm cheū metropoli provinciæ Quàm tūm in Regno Sinarum ‖ Anno Salutis Humanæ MDCLXXI. » In-8º. — *Nouveau fonds chinois*, 3183.

76. « Sinarum ‖ Scientia ‖ Politico moralis ‖ a ‖ Jĕ sū hóei ‖ ȳn tö çĕ ‖ P. Prospero Intorcetta ‖ Siculo Societatis ‖ Jesu ‖ in ‖ Lucem edita ‖ chíi. » — Goa, 1669, in-8º. — *Nouveau fonds chinois*, 209.

77. — *Ki ho yuen pen*. Les six premiers livres d'Euclide ; traduction du P. Ricci, avec une introduction datée de 1607 ; préface par le Grand Chancelier Siu Koang khi. In-8º. — *Nouveau fonds chinois*, 2959.

78. — *Kiao yeou loen*. De l'amitié : traité composé par le P. Ricci et daté de Oan li, 23ᵉ année = 1595 ; préfaces de 1599 et 1601. In-8º. — *Nouveau fonds chinois*, 2971.

79. — *Hong mao mai mai thong yong koei hoa.* Vocabulaire commercial chinois-anglais. — - Canton, *s. d.* In-8°. — *Nouveau fonds chinois,* 1251.

80. — *Hong mao fan hoa meou yi siu lchi.* Vocabulaire commercial chinois-anglais. — Canton, *s. d.* In-8°. — *Nouveau fonds chinois,* 2343.

81. — *Thien lchou kiang cheng lchhou siang king kiai.* Vie de Notre-Seigneur, illustrée, avec introduction du P. Giulio Aleni ; planches et légendes ; publié en 1635. In 8°. — *Nouveau fonds chinois,* 3278.

82. — « IHS || Missale || Romanum || auctoritate || Pauli. V. Pont. M.|| Sinice redditum || a || P. Ludovico Buglio || Soc. Jesu || Pekini || In Collegio ejusd. Soc. || An. MDCLXX. » In-4°. — *Nouveau fonds chinois,* 3020.

83. — « Dictionnaire || français-chinois || Par || le Père D'Incarville ||. écrit || A Pékin 17 — || et fini le 20 février || 1752. » In-8°. — *Nouveau fonds chinois,* 3596.

84. — *Eki ken.* Dictionnaire hollandais-japonais, gravé au Japon, au commencement du xixᵉ siècle. In-8°. — *Nouveau fonds chinois,* 1118.

85. — *Oou liang cheou fo king.* Aparimitāyus sutra. Le sutra de la longévité sans bornes ; texte ms. en caractères li, sur papier d'or ; copié par Joan Yuen, célèbre auteur du xviiiᵉ siècle, avec reliure en bois dur, incrusté d'argent et de jade. In-4°. — *Nouveau fonds chinois*, 3534.

86. — *Liu hio yo hio sin choe*. Nouveau traité de la musique, publié par ordre impérial en Oan li, 23ᵉ année = 1595. 2 vol in-folio. — *Nouveau fonds chinois*, 1036.

87. — *Sihu ko zihu siyu*. Recueil d'antiquités de dix espèces ; reproductions de peintures, d'autographes, d'objets antiques, avec des notices ; gravé au Japon, au XIXᵉ siècle, 20 vol. in-folio. — *Japonais*, 89.

88. — *Thien tchou chi yi*. Vraie doctrine de Dieu, par le P. Ricci ; avec préfaces de Oan li, 29ᵉ année = 1601 et Oan li, 31ᵉ année = 1603. In-8°. — *Nouveau fonds chinois*, 3232.

89. — *Thai chang cheng tsou kin yi tseu fen ta tan pi kiue*. Traité d'alchimie, ms. en écriture d'or sur fond bleu foncé. — *Nouveau fonds chinois*, 5087.

90. — « Notitia linguæ Sinicæ, » manuscrit du P. de Prémare. In-8°. — *Nouveau fonds chinois*, 2229.

91. — *Hia meng chou* ; dernière partie du Meng tseu. « Livre chinois, avec une page manuscrite complémentaire de la main de Jean-Pierre-Abel Rémusat,... donné par lui comme souvenir à mon père François Jeandet,..., son condisciple et son ami. » In-8°. — *Nouveau fonds chinois*, 5063.

92. — Collection de portraits de Chinois célèbres, peints en couleur; avec des notices du P. Amiot et une lettre du même au ministre Bertin (Péking, 1ᵉʳ septembre 1774). In-8º. — *Français nouv. acq.*, 4427.

93. — *Ka ryei to kam eui kouei.* Cérémonial du Conseil du Mariage Royal, relatif au premier mariage du roi de Corée Kyeng tjong, qui était alors prince héritier (1696). Manuscrit grand in-folio, avec dessins en couleur. — *Nouveau fonds chinois*, 2528.

———

94. — Supplique de l'Université au Pape pour la fondation d'un collège oriental à Paris, vers la fin du xiiiᵉ siècle. Six maitres devaient y enseigner à vingt étudiants les langues grecque, arabe et tartare — *Latin*, 14766. (Exposé dans la vitrine XXVII.)

95. — Recueils de prières selon le rit des Juifs de France; copies du xiiiᵉ siècle. Manuscrits confisqués sur les Juifs, sous le règne de Philippe le Bel, et conservés anciennement dans le Trésor des chartes. — *Hébreu*, 634 et 637. (Exposés dans la vitrine XXVII.)

96. — Spécimens de caractères hébreux gravés à Venise et à Paris par Guillaume Le Bé (1545-1592).

Français nouv. acq., 4528. —Les spécimens exposés dans la vitrine XXVII ont été gravés par Le Bé en 1565 et 1570 : « 1565-1566. — J'ay taillé à Paris pour moy ces trois lettres suyvantes, et premierement ce *texte*, grossi de celuy de la Bible in-4º de Robert Estienne, est celuy duquel le sieur Plantain a imprimé le texte de la grande Bible en cinq langues, du roy d'Espagne; est ma 11ᵉ.

« Et le *canon* duquel est l'intitulation est la 12ᵉ, faicte en l'an 1566.

« 1570. — La 13ᵉ lettre que j'ay taillée est la *petite glose* cy dessoubz, faicte en l'an 1570, céans, pour moy, et en ay envoyé une frappe à Venize. »

97. — Phocylide, texte grec et traduction latine. Copie faite à Paris, à la fin du xvᵉ siècle, par Georges Hermonyme de Sparte, pour Guillaume Budé, dont les armes sont peintes au bas du premier feuillet. — *Latin*, 16707. (Exposé dans la vitrine XXVII.)

98. — Lettre du sultan Soliman II à François Iᵉʳ, roi de France. — *Supplément turc*, 822.

99. — Lettre de François Iᵉʳ, roi de France, au sultan Soliman II (1526); avec la signature du roi en lettres d'or. — *Collection Fontanieu*, portefeuille 202.

100. — Lettres d'Arghoun, roi de Perse, et de Œldjaïtou, sultan de Perse, adressées au roi de France, Philippe le Bel; en langue mongole et en écriture ouïgoure (1289 et 1305).

Les originaux de ces deux lettres sont conservés aux Archives nationales (J. 937); réduction en héliogravure empruntée aux *Documents de l'époque mongole*, publiés par le prince R. Bonaparte, à la suite d'un vœu émis au Congrès de Genève (1895, in-fol., pl. XIV).

IMPRIMÉS ORIENTAUX

EXPOSÉS TEMPORAIREMENT DANS LA

GALERIE MAZARINE

---

101. — Psaumes, avec commentaires de R. DAVID KIMHI. — [*Bologne ?*], 1477. In-fol.

L'une des premières impressions hébraïques. — Inventaire A 17980 (Réserve).

102. — *Mahazor*. Prière des jours de fête de toute l'année. — *Soncino et Casal-Maggiore*, 1486. In-fol.

Exemplaire imprimé sur vélin. — Vélins, 907.

103. — Glossaire hébreu-arabe-roman, anonyme ; attribué d'après l'acrostiche d'un poème initial à un certain YEHIEL. — [*Naples ?*], 1488. In-fol.

Premier lexique polyglotte imprimé, qui a passé longtemps pour le premier livre hébreu imprimé à Constantinople et la première impression de cette ville. — Réserve ᵐ III.

104. — MOÏSE BEN NAHMAN, Nouvelles de la loi, ou commentaire sur le Pentateuque. — *Lisbonne*, 1489. In-fol.

L'une des premières impressions hébraïques exécutées en Portugal. — Inventaire A 16996 (Réserve).

105. — Don Isaac Abravanel, Commentaire sur le récit de Pàques (Haggada). — *Constantinople, 1505.* In-4°.

L'un des premiers livres hébreux imprimés à Constantinople. — Inventaire A 750.

106. — Josué Lévi ben Joseph, de Tlemcen, Voies du monde, introduction au Talmud. — *Constantinople, 1510.* In-4°.

Inventaire A 5260 (Réserve).

107. — Jacob Habib ben Salomon, de Zamora, Œil de Jacob, chrestomathie de tous les passages haggadiques des deux Talmuds. — [*Salonique*], vers 1516-1522. In-fol.

Seconde impression hébraïque de Salonique; exemplaire relié aux armes et chiffre du roi Henri II. — Inventaire A 704 (Réserve).

108. — Joseph Albo, Principes de la foi. — *Rimini, 1522.* In-4°.

Exemplaire relié aux armes et chiffre du roi Henri II. — Inventaire A 2900 (Réserve).

109. — Salomon ibn Verga, livre de la tribu de Juda. — *Andrinople, 1554.* In-4°.

Premier livre hébreu imprimé à Andrinople. — Inventaire A 5225 (Réserve).

110. — Syriacæ linguæ, Jesu Christo ejusque matri Virgini atque Judæis omnibus... vernaculæ et popularis..:, prima elementa. quibus adjectæ sunt christianæ religionis solemnes quotidianæque precationes. — *Viennæ Austriæ, Mich. Cymbermannus*, 1555. In-4°.

Par Jean-Albert WIDMANSTAD. — Reliure aux armes de Dupuy. — Inventaire réserve X 701.

111. — Liber sacrosancti Evangelii de Jesu Christo... Div. Ferdinandi Rom. imperatoris designati jussu et liberalitate, characteribus et lingua syra, Jesu Christo vernacula..., scriptorio prelo diligenter expressa. — *Viennæ Austriæ, Mich. Cymbermannus*, 1555. In-4°.

Édition princeps du Nouveau Testament syriaque, de la version dite peschito, donnée par Jean-Albert WIDMANSTAD. — Inventaire A 2557.

112. — Arte para ligeramente saber la lengua arauiga. — Vocabulista arauigo en letra castellana. — (*A la fin:*) Fue interpretada esta obra y vocabulista de romance en arauigo en la... cibdad de Granada por fray Pedro de Alcala... — *Grenade, J. Varela*, 1505. In-4°.

Première grammaire arabe imprimée et premier essai de transcription de caractères arabes en lettres romaines. — Inventaire réserve X 711.

113. — *Kitâb çalât el seouâ'i*. Livre de la prière des heures. — *Fano*, 1514. In-8°.

Premier livre imprimé en caractères arabes et unique production connue de l'imprimerie arabe établie à Fano par Gregorio Gregorio, de Venise, aux frais du pape Jules II. — Inventaire B 3597 (Réserve).

114. — Psalterium hebræum, græcum, arabicum et chaldæum, cum tribus latinis interpretationibus; ed. Aug. Justiniano. — *Genuæ, Pet. P. Porrus*, 1516. In-4°.

Second livre polyglotte biblique qui ait été imprimé, et second livre où l'on trouve employés des caractères arabes. — Inventaire A 488 (Réserve).

115. — Psalterium in quatuor linguis : hebraea, graeca, chaldaea, latina. — *Coloniae, J. Potken*, 1518. In-fol.

Reliure aux armes de Dupuy. — Inventaire A 493 (Réserve).

116. Introductio in chaldaicam linguam, syriacam atque armenicam et decem alias linguas. Characterum differentium alphabeta circiter quadraginta et eorumdem invicem conformatio. Mystica et cabalistica quam plurima scitu digna, et descriptio ac simulachrum Phagoti Afranii, Theseo Ambrosio authore. — *Papiæ, Joa. Mar. Simonetta Cremon* , 1539. In-4°.

Teseo Ambrogio, qui fut le maître de syriaque de Jean-Albert Widmanstad, éditeur de la première impression en cette langue du Nouveau Testament, avait fait graver les

caractères syriaques et arméniens de ce volume ; les
lettres arabes, coptes, slavonnes et éthiopiennes, laissées
en blanc dans l'impression, ont été ajoutées à la main.
— Inventaire X 1682.

117. — Linguarum duodecim characteribus differentium alphabetum, introductio ac legendi modus longe
facillimus... Guilielmi POSTELLI Barentonii diligen-
tia. — *Parisiis, Dionysius Lescuier,* [1539]. In-4°.

Spécimens gravés d'alphabets et textes en hébreu, syriaque,
samaritain, arabe, éthiopien, grec, copte, cyrillique, gla-
golitique et arménien. — Exemplaire de P.-D. Huet.
— Inventaire réserve X 672.
On voit au-dessous un exemplaire de la *Syriæ descriptio* de
G. Postel (Paris, Gourmont, 1540, in-8°), avec notes
autographes de Postel. (Inventaire D² 5250, Réserve.)

118. — POSTEL (Guillaume). Grammatica arabica. —
Parisiis, Petrus Gromorsus, [1539]. In-4°.

Première grammaire arabe, avec caractères mobiles, imprimée en France. — Reliure aux armes de Dupuy. —
Inventaire réserve X 741.

119. — Cartes catalanes, exécutées vers l'année 1375,
et qui sont ainsi désignées dans l'inventaire de la
bibliothèque du roi Charles V : « Une quarte de
mer, en tableaux, faitte par manière d'unes tables,
painte et historiée, figurée et escripte, et fermant à
quatre fermoirs de cuivre, laquele carte contient six
grans fueillés, qui sont de bois, sur lesquels fueillés

est collé le parchemin, ouquel sont faictes lesdictes figures, couvert de cuir blanc, à deux rondeaux ouvrés. » — *Espagnol*, 30. (Exposé temporairement dans la vitrine VI.)

119 *bis*. — Biblia polyglotta, hebraice, chaldaice, graece et latine, nunc primum impressa... de mandato ac sumptibus... Francisci XIMENEZ de Cisneros... — *In... Complutensi universitate*, 1514-1517. 6 vol. in-folio.

Première Bible polyglotte imprimée. — Inventaire A 12 (Réserve). (Exposé dans la vitrine VII, n° 156.)

119 *ter*. — Biblia polyglotta, hebraice, chaldaice, graece et latine, cura et studio Benedicti ARIAE MONTANI. — *Antverpiæ, Chr. Plantin*, 1569-1573. 8 vol. in-folio.

Seconde Bible polyglotte imprimée. — Inventaire A 14 (Réserve). (Exposé dans la vitrine VI, n° 198.)

120. Biblia hebraica, samaritana, chaldaica, graeca, syriaca, latina, arabica, quibus textus originales totius Scripturæ sacræ, quorum pars in edit. Complutensi, deinde in Antverpiensi regiis sumptibus extat, nunc integri, ex mss. toto fere orbe quæsitis exemplaribus, exhibentur. — *Lutetiæ Parisiorum*, *Ant. Vitré*, [1629-]1645. 10 vol. in-folio.

Troisième Bible polyglotte (si l'on ne compte pas l'essai inachevé publié à Nuremberg en 1599). — Chef-d'œu-

vre d'exécution typographique, publié aux frais de Michel
Le Jay, avocat au Parlement de Paris. — Exemplaire
aux armes du roi. — Inventaire A 20 *bis* (Réserve).

121. — Biblia polyglotta, complectentia textus originales : hebraicum cum Pentateucho samaritano,
chaldaicum, græcum, etc. ; cum apparatu, appendi-
cibus, tabulis, etc. Opus totum edidit Brianus Wal-
tonus. — *Londini, Th. Roycroft*, 1657. 6 vol. in-folio.

Quatrième Bible polyglotte imprimée. — Inventaire A
23 *bis* (Réserve).

122. — Edrisi, de Geographia universali, hortulus
cultissimus, miré orbis regiones, provincias, insulas,
urbes eorumque dimensiones et orizonta describens.
— *Romæ, ex typogr. Medicæa*, 1592. In-4°.

Exemplaire avec notes mss. de Gilbert Gaulmyn. — Inventaire G 3065.

123. — Avicenne, le Livre du canon de la médecine.
— *Romæ, ex typogr. Medicæa*, 1593. In-fol.

Catalogue T° 4.

124. — Euclides, Elementorum libri XII, ex tra-
ditione Nasiridini Tusini, nunc primum arabice im-
pressi. — *Romæ, ex typogr. Medicæa*, 1594. In-folio.

Inventaire réserve V 109.

125. — Doctrina christiana... Roberti S. R. E. card.
Bellarmini, nunc primum ex italico idiomate in ara-

bicum, jussu S. D. N. Pauli V pont. max. translata per Victorium Scialac Accurensem et Gabrielem Sionitam Edeniensem, Maronitas e Monte Libano...; munificentia... Francisci Savary de Breves, Regis Christianissimi... apud eumdem Summum Pontificem oratoris,... ad fidei propagationem et orientalium Christianorum commodum. — *Romæ, ex typogr. Savariana, excud. Steph. Paulinus,* 1613. In-8°.

Premier livre imprimé avec les caractères arabes gravés par les soins de Savary de Brèves, ambassadeur de France à Constantinople. — Inventaire D 25570.

126. — Articles du traicté faict en l'année 1604, entre Henry le Grand, roy de France et de Navarre, et le sultan Amat, empereur des Turcs, par l'entremise de messire François Savary, seigneur de Brèves,... ambassadeur de Sa Majesté à la Porte dudit Empereur. — *Paris, de l'imprimerie des langues orientales,... par Estienne Paulin,* 1615. In-4°.

Premier volume imprimé en France avec les caractères orientaux de Savary de Brèves, par les soins de deux Maronites, Gabriel Sionita et Jean Hesronita. C'est aussi la première édition des *Capitulations*. — Catalogue Lg* 67.

127. — Psalmi, arabice et latine, a Gabriele Sionita et Victorio Scialac, Maronitis. — *Romæ, ex typogr. Savariana,* 1614. In-4°.

Inventaire A 2515.

128. — Rudimenta grammatices linguæ turcicæ, auctore Andrea Du Ryer. — *Luteliæ Parisiorum, Soc. typ. librorum officii ecclesiastici,* 1630. In-4°.

Seconde impression orientale de la Société typographique et seconde édition de cette grammaire, publiée par ordre du cardinal de Richelieu, pour l'usage des missions, et distribuée gratis chez Vitré. — Inventaire X 1885.

128 *bis.* — Grammatica linguæ græcæ vulgaris, auctore Simone Portio,... ex mandato... cardinalis ducis de Richelieu. — *Parisiis, sumptibus Societ. typogr. librorum officii ecclesiastici,* 1638 In-8°.

Inventaire réserve X 1717.

129. — Dictionarium armeno-latinum, auctore Francisco Rivola. — *Parisiis, impensis Societatis typographicæ librorum officii ecclesiastici jussu regis constitutæ,* 1633. In-4°.

Premier livre imprimé par Antoine Vitré, avec les caractères orientaux de Savary de Brèves, et dédié au cardinal de Richelieu, patron de cette Société typographique, qui devait imprimer en même temps des Nouveaux Testaments, Catéchismes et Grammaires en langues orientales et en donner gratuitement des exemplaires aux missionnaires en Orient. — Inventaire X 1878.

130. — Linguarum orientalium hebraicæ, rabinicæ, samaritanæ, syriacæ, græcæ, arabicæ, turcicæ, ar-

menicæ alphabeta. — *Parisiis, Ant. Vitré*, 1636.
In-4°.

Spécimens des alphabets orientaux employés par Vitré
pour l'impression de la *Bible polyglotte* de Le Jay. — Inventaire X 1548.

131. — *Kitábou ta' limi 'l masihi*... De mandato emi-
nentissimi D. card. ducis de Richelieu gratis dis-
pensantur. — *Luteliæ Parisiorum, Soc. typ. librorum
officii ecclesiastici*, 1640. In-4°.

Catéchisme, composé par ordre de Richelieu, alors qu'il
était évêque de Luçon, et traduit en arabe par le P. Juste
de Beauvais, capucin. — Inventaire D 5139.

132. — *Loghati Vanqouly*. Dictionnaire de VANQOULY.
Constantinople, 1141 [1728]. 2 vol. in-fol.

Dictionnaire arabe expliqué en turc, traduction faite par
Mohammed ben Moustafa el-Vani, surnommé VAN-
QOULY.
Première production de l'imprimerie établie à Constanti-
nople par Zaïd Aga, fils de Mehemmet Effendi. — In-
ventaire réserve X 17.

133. — Grammaire turque, ou méthode courte et fa-
cile pour apprendre la langue turque; avec un recueil des noms, des verbes et des manières de parler
les plus nécessaires à savoir, avec plusieurs dialogues

familiers, par le P. HOLDERMANN. — *Constantinople*, 1730. In-4°.

Cette Grammaire composée par le P. Holdermann, jésuite strasbourgeois, missionnaire à Constantinople, sort également des presses de Zaïd Aga. Le turc est imprimé en caractères romains. — Inventaire X 1888.

134. — *Firengui Chouri.* Dictionnaire persan-turc. *Constantinople*, 1742. In-folio.

De l'imprimerie de Zaïd Aga. — Inventaire réserve X 1.

135. — *Kitábi Djihán-Numá li Kiátibi-Tcheleby.* Livre de la description du monde, de KIATIBI-TCHELEBY. — *Constantinople*, 1145 ʿ1732ʾ. In-fol.

Texte turc de la Géographie de HADJI KHALFA, surnommé KIATIBI TCHELEBY, avec cartes astronomiques et géographiques, publié par l'imprimerie de Zaïd·Aga. — Inventaire réserve G 636.

136. — *Kitáb el-endjil el-cherif...* Livre de l'Évangile saint et pur et du flambeau resplendissant. — *Alep. aux frais d'Anastase, patriarche des Grecs d'Antioche.* 1706. In-fol.

Première impression d'Alep. — Inventaire A 1666 (Réserve).

137. — *Mizán el-zemán oue qisthás ebediïet el·insán...* Balance du temps et équilibre de l'éternité. — *Au Liban*, 1734. In-4°.

Traduction arabe, par le P. FROMAGE, jésuite, du *De discri-crimine inter temporale et æternum* du jésuite espagnol Eusèbe NIERENBERG (Madrid, 1654).

Première production de l'imprimerie établie au Liban, dans le couvent de Saint-Jean-Baptiste, nommé Chouèïr, sur la montagne des Druses, par Abdallah Zakher. — Inventaire D 9008 (Réserve).

138. — Psalmi et Canticum canticorum, æthiopice, studio Joannis POTKEN. — *Romæ, Marc. Silber*, 1513. In-4°.

Premier livre imprimé en Europe avec des caractères éthiopiens. — Inventaire A 2517 (Réserve).

139. — Dittionario giorgiano e italiano, composto da Stefano PAOLINI, con l'aiuto del P. Niceforo IRBACHI, Giorgiano, monaco di S. Basilio, ad uso de' missionarii della Sagra Congregatione de Propaganda fide. — *Roma, typogr. S. Congr. de Prop. fide*, 1629. In 4°.

Première impression en caractères géorgiens. Reliure aux armes de P.-D. Huet. — Inventaire réserve X 698.

140. — Recueil de cantiques pour l'âme et le corps, avec un calendrier en arménien. — [*Venise*, 1552 (?).] In-8°.

Reliure aux armes du roi Henri II. — Inventaire réserve Ya 121.

141. — Recueil d'astrologie et livre du saint Vendredi, en arménien. — [*Venise*, 1552 (?).] In-8°.

Reliure aux armes du roi Henri II. — Inventaire réserve
PV105.

142. — Jardim de pastores, composto em lingoa bra-
mana pello Padre Miguel DE ALMEIDA, da Companhia
de Jesus, natural de Govea. — *Collegio de Sam Paulo
de Goa*, 1659. In-4°.
Inventaire D 6153 (Réserve).

143. — Lettre sur l'inscription égyptienne de Rosette,
adressée au c^en Silvestre de Sacy, par J.-D. AKER-
BLAD. — *Paris, Impr. de la République*, an X (1802).
In-8°.
Inventaire X 6531.

144. — L'Égypte sous les Pharaons,... par M. CHAM-
POLLION le jeune. — *Paris*, 1814. In-8°, 2 vol.

Catalogue Oa² 18.

145. — De l'écriture hiératique des anciens Égyptiens, par M. J.-F. CHAMPOLLION le jeune. — *Gre-
noble*, 1821. In-folio.
Exemplaire avec dédicace de l'auteur à Langlès. — Inventaire réserve X 22.

146. — Lettre à M. Dacier, relative à l'alphabet des
hiéroglyphes phonétiques..., par M. CHAMPOLLION le
jeune. — *Paris*, 1822. In-8°.
Catalogue Oa³ 392.

147. — Précis du système hiéroglyphique des anciens Égyptiens,... par M. CHAMPOLLION le jeune. — Paris, Impr. royale, 1824. In-8°.

Inventaire réserve X 2617.

148. — La Décade égyptienne, journal littéraire et d'économie politique. Premier volume. — *Au Kaire, de l'Imprimerie nationale*, an VII de la République française [1799]. In-4°.

Inventaire Z 8088.

149 à **188**. — Cartes géographiques décrites plus loin, p. 73-75.

MANUSCRITS ORIENTAUX

---

35 [1]. — BIBLE hébraïque, en deux volumes, accompagnée de la Massore et des paraphrases chaldaïques d'Onkélos et de Jonathan. Copie du XIIe siècle, corrigée à Mantoue en 1512. — *Hébreu*, 17.

36. — PENTATEUQUE hébreu selon la rédaction des Samaritains, en caractères samaritains. Ce ms. composé de deux exemplaires différents, copiés au XIIIe siècle, vient de l'Oratoire et a servi à l'édition du P. Morin. — *Samaritain*, 4.

37. — ÉVANGILES, selon la version peschitto. Ce ms. est composé de fragments de deux exemplaires différents, dont l'un paraît dater du VIIe siècle et l'autre

1. Les n°s 1 à 34 sont consacrés aux origines de la Bibliothèque, aux XIVe et XVe siècles, et ont été donnés à des manuscrits latins et français ayant fait partie des bibliothèques du roi Charles V et de ses fils, les ducs de Berry et d'Orléans.

du xıı^e. En tête du volume se trouvent la lettre et les canons d'Eusèbe, avec miniatures. —*Syriaque*, 33.

38. — « TRÉSOR » ou « Grand livre », principal ouvrage religieux des Mandaïtes, publié par M. Norberg, *Codex Nasaræus, liber Adami appellatus* (Lund, 1815). Copie exécutée à Maqdam près de Howaiza en 968 de l'hégire, ou 1560 de J.-C., et acquise à Bassora en 1674, par J.-Fr. La Croix, pour la bibliothèque de Colbert. — *Sabéen*, 1.

39. — « Orgue de la Vierge, » ou louanges de la sainte Vierge, composées en 1440 par Abbâ GEORGES l'Arménien, moine du couvent de Sadamant. — *Éthiopien*, 97.

40. — Fragments de manuscrits coptes sur papyrus. — *Copte*, 93.

41. — Évangiles, en copte, avec la version arabe; ms. du xııı^e siècle, sur papier, ayant appartenu à Gilbert Gaulmyn. — *Copte*, 14.

42. — Lectionnaire pour les dimanches et fêtes de l'année, à l'usage de l'église arménienne, du xvııı^e siècle. — *Arménien*, 30.

43. — *Alzire*, tragédie de VOLTAIRE, traduite en géorgien par le prince Tchastchazâdé (xvııı^e siècle). — *Géorgien*, 12.

44. — CORAN, copie calligraphique en écriture neskhi, avec le « Livre des divinations », en vers persans,

transcrits en écriture ta'lik. Exemplaire donné en 1594 à une mosquée de Hongrie par le grand vizir Sinân Pacha. — *Arabe*, 418.

45. — CORAN, fragments en écriture coufique, recueillis au Caire par Asselin de Cherville. Copie du IIe siècle de l'hégire, ou VIIIe siècle après J.-C. — *Arabe*, 324.

46. — *Maqâmât*, ou Séances de Mohammad al-Qàsim ibn 'Alî al-HARÎRÎ. Exemplaire copié au XIIIe siècle, orné de peintures et provenant de l'ancienne abbaye de Saint-Vaast d'Arras. — *Arabe* 3929.

47. — PASSEPORT sur papyrus, écrit en arabe, en 133 de l'hégire, ou 751 de J.-C., et donné par un gouverneur d'Égypte à un chrétien copte. — *Arabe*, 4633[1].

49. Œuvres complètes de SA'DI; exemplaire calligraphié, en écriture ta'lik, avec miniatures, du Xe siècle de l'hégire, ou XVIe siècle après J.-C. — *Persan*, 239.

50. — *Ghazels* de KHOSROÛ, de Yenûn ed-Din Aboù'l Hasan Mîr Khosrou Dehlevi (651-725); exemplaire calligraphié, en écriture ta'lik, avec miniatures, daté de 967 de l'hégire, ou 1559 de J.-C. — *Persan*, 245.

51. — *Chah-nameh*, Histoire des anciens rois de Perse, en vers, par ABOU 'L CASSEM MANSOUR, fils de Ahmed Ferdoucy; exemplaire calligraphié, prove-

1. Le n° 48 a été retiré de l'Exposition.

nant de la bibliothèque des rois de Perse, du
XVIᵉ siècle. — *Supplément persan*, 489.

52. — *Diván* de KHAKAN; exemplaire calligraphié,
ayant appartenu au châh de Perse Fath 'Ali châh.
— *Supplément persan*, 689.

53. — La brûlure et la liquéfaction, metnevi de
MOHAMMED RIZA NEV'I († 1019); exemplaire calli-
graphié. provenant de la bibliothèque du châh
Abbàs II. — *Supplément persan*, 769.

54. — *Moukhzin al-Asrár*, le Trésor des secrets, poème
de NIZAMI; exemplaire calligraphié. copié en 944 de
l'hégire, ou 1537 de J.-C — *Supplément persan*, 985.

55. — *Vendidád Sadé*, texte zend du Vendidâd, du
Yaçna et du Vispered, mélangés pour l'usage litur-
gique; ms. copié en 1714 et provenant d'Anquetil-
Duperron. — *Supplément persan*, 27.

56. — *Daroun Sadé*, chapitres du Yaçna récités dans
la cérémonie du Daroun; ms. provenant d'Anquetil-Duperron. — *Supplément persan*, 983.

57. — *Bhágavata Pourána*, Histoire des incarnations de
Vichnou. notamment sous la forme de Krichna; publié par Eug. Burnouf dans la Collection orientale de
l'Imprimerie Nationale. — *Sanscrit-Devanagari*, 1 B.

58-59. — *Kammaváca*, ou rite d'ordination des prêtres

bouddhiques, en pàli, écrit en anciens caractères birmans. — *Pàli*, 25 et 26.

60. — *Sanyutta-nikàya*, ou Collection des prédications du Bouddha, formant la quatrième partie de la deuxième section du Tripitaka, ou écritures sacrées des Bouddhistes; ms. en caractères birmans, sur olles. — *Pàli*, 72.

61. — *Yitu-kavi*, stances en tamoul; manuscrit sur olles, formant rouleau. — *Tamoul*, 554.

62. *Dharmapradipikà*, ou Flambeau de la loi, exposé complet de la religion de Gautama-Bouddha, en singhalais, mêlé de sanscrit et de pàli; ms. sur olles, provenant d'Eug. Burnouf. — *Singhalais*, 7.

63. — Manuscrit en langue rejang (idiome de l'île de Sumatra), écrit sur planches de bambou. — *Javanais*, 151.

64. — *Phra Laksanavong*, Histoire des aventures d'un prince nommé Laksanavong, roman siamois. — *Siamois*, 46.

65. — Manuscrit en langue et écriture batta. *Batta*, 4.

66. — *Si tshing kou kien*. Antiquités chinoises; reproductions et légendes. Ouvrage daté de Khien long, 14e année = 1749, 6 vol. gr. in-fol. — *Nouveau fonds chinois*, 568.

67. — *Inenggidari giyangnakha chu ging ni djurgan be sukhe hitkhe*. Explications quotidiennes du Chou king. 3 vol. in-folio. — *Nouveau fonds chinois*, 1008.

68. — *Li tai ti oang ming tchhen fa thie*. Fac-similé d'autographes des empereurs, princes et fonctionnaires célèbres. 10 vol., en paravent, in-folio. — *Nouveau fonds chinois*, 1858.

69. — Atlas manuscrit de l'empire chinois sous la dynastie des Ming. In-4°. — *Nouveau fonds chinois*, 3555.

70. — *Jen king yang tshieou*. La morale illustrée par les personnages célèbres; collection de biographies, avec illustrations, rassemblée par Oang Thing nou et imprimée à la salle Hoan tshoei, avec préface de 1598. 3 vol. in-4°. — *Fourmont, 40*.

71. — *Codex 'Peresianus*, ms. maya (langue de la presqu'île du Yucatan). — *Mexicain*, 2.

MANUSCRITS GRECS

---

72. — ANCIEN ET NOUVEAU TESTAMENT (*Codex Ephræmi Syri rescriptus*, publié par C. Tischendorf. C'est l'un des quatre plus anciens mss. grecs bibliques avec le *Vaticanus*, l'*Alexandrinus* et le *Sinaïticus* ; c'est aussi l'un des premiers palimpsestes, dont l'importance ait été signalée dès la fin du XVIIᵉ siècle par Jean Boivin. L'écriture onciale primitive peut remonter au vᵉ siècle et le texte des œuvres de S. Ephrem de Syrie, qui la recouvre, a été tracé au XIVᵉ siècle. — *Grec*, 9.

73. — ÉPÎTRES DE S. PAUL, en grec et en latin (*Codex Claromontanus*) ; écriture onciale du viᵉ siècle. — *Grec*, 107.

74. — OCTATEUQUE ; écriture onciale du viᵉ siècle. — *Coislin*, 1.

75. — S. Jean Damascène, Sentences des Pères ; onciale du ix⁰ siècle, avec peintures. — *Grec*, 923.

76. — Dioscoride. Matière médicale, avec figures de
plantes ; écriture onciale du ix⁰ siècle. — *Grec*. 2179.

77. — Ptolémée, Almageste ; écriture onciale du
ix⁰ siècle. — *Grec*, 2389.

78. — Évangiles, avec peintures ; du x⁰ siècle. — *Grec*,
70.

79. — Épîtres de S. Paul, avec peintures ; du xi⁰ siècle.
Grec, 224.

80. — S. Grégoire de Nazianze, Œuvres, avec peintures ; du xi⁰ siècle. — *Grec*, 533.

81. — Œcumenius, Commentaire sur les Actes des
Apôtres, les Épîtres canoniques et les Épîtres de
S. Paul ; du xi⁰ siècle. — *Grec*, 219.

82. — Vies de Saints, avec peintures ; du xi⁰ siècle.
— *Grec*, 580.

83. — Nicandre, Thériaques, avec peintures imitées
de l'antique ; du xi⁰ siècle. — *Supplément grec*, 247.

84. — Psautier, en lettres d'or, du xii⁰ siècle. — *Grec*,
21.

85. — ÉVANGÉLIAIRE ; écriture onciale du xv* siècle. — *Supplément grec*, 567.

86. — LECTIONNAIRE, orné de peintures ; écriture onciale du xiv* siècle. — *Grec*, 278.

87. — S. BASILE, Liturgie, rouleau copié au xiii* siècle. — *Supplément grec*, 578.

88. — S. MAXIME, Œuvres, avec peintures ; du xiii* siècle. — *Grec*, 886.

89. — COLLECTION THÉOLOGIQUE, avec le portrait de l'impératrice Eudocie ; du xi* siècle. — *Grec*, 922.

90 — JACOB, moine, Homélies en l'honneur de la Vierge, avec peintures ; du xii* siècle. — *Grec*, 1208.

91. — MÉNÉE, ou recueil de légendes et d'offices de saints du mois de janvier, avec peintures ; du xii* siècle. — *Grec*, 1561.

92. — STRABON, Géographie ; ms. sur papier, du xii* siècle. — *Grec*, 1393.

93. — SUIDAS, Lexique ; ms. du xii* siècle. — *Grec*, 1393.

94. — NOUVEAU TESTAMENT, du xiii* siècle, offert à S. Louis par l'empereur Michel Paléologue. — *Cois-lin*, 200.

IMPRIMÉS
HÉBREUX ET GRECS
EXPOSÉS DANS LES VITRINES VII, VIII ET XXVII
DE LA GALERIE MAZARINE

———

1. — Pentateuque en hébreu, avec version chaldéenne d'Onkélos et le commentaire de Raschi. — *Bologne, Abraham ben Chaiim de' Tintori*, 1482. In-fol.

Première édition hébraïque du Pentateuque. — *Vélins, 54. Vitrine* VII, n° 122.

2. — JOSEPH BEN GORION, Histoire des Juifs, abrégé de Flavius Josèphe. — *Mantoue, Abr. Conat*, entre 1475 et 1480. In-fol.

L'un des premiers livres hébreux imprimés à Mantoue. — *Vitrine* VII, n° 133.

3. — TISSARD (François). Grammaire hébraïque. — *Paris, Gilles de Gourmont*, 1508 1509. In-4°.

Premier livre imprimé à Paris où l'on ait fait usage de caractères hébreux, gravés sur bois. — *Vitrine* XXVII, n° 273.

4. — LASCARIS (Constantin). Grammaire grecque. *Milan, Denys Paravisini*, 1476. In-4°.

Premier livre entièrement imprimé en grec et première édition de la Grammaire de C. Lascaris. — *Vitrine* VII, n° 124.

5. — ÉSOPE. Vie et fables, texte grec et traduction latine, éd. B. Accorso. — [*Milan*, vers 1480.] In-4°.

Premier classique grec imprimé et première édition des Fables d'Ésope. — *Vitrine* VII, n° 125.

6. — MUSÉE. Poème de Héro et Léandre, texte grec et traduction latine. — [*Venise, Alde Manuce*, vers 1494.] In-4°.

Première impression grecque publiée par Alde Manuce et première édition de ce petit poème. — *Vitrine* VIII, n° 100.

7. — LASCARIS (Constantin). Grammaire grecque, avec traduction latine. — *Venise, Alde Manuce*, 1494-1495. In-4°.

Première édition grecque et premier livre sorti des presses d'Alde avec date. — *Vitrine* VIII, n° 101.

8. — ARISTOTE. Œuvres, texte grec. *Venise, Alde Manuce*, 1495-1498. In-fol., 5 vol.

Première édition du texte grec des œuvres d'Aristote. — *Vitrine* VIII, n°ˢ 103-105.

9. — TISSARD (François). Liber gnomagyricus : Alphabetum græcum, regulæ pronunciandi græcum, sen-

tentiæ Septem Sapientum, etc. *Paris, Gilles de Gourmont*, 1507. In-4°.

Premier livre imprimé en grec à Paris, avec date. — *Vitrine* XXVII, n° 272.

10. — Eusèbe de Césarée. Histoire ecclésiastique, texte grec. *Paris, Robert Estienne,* 1544. In-fol.

Premier livre imprimé avec les caractères grecs gravés par Garamond sur le modèle de l'écriture d'Ange Vergèce et connus sous le nom de *typi regii*. Ces caractères étaient de trois grandeurs : ceux qui sont employés dans l'*Eusèbe* étaient de moyenne force (*gros romain*) ; le plus petit caractère (*cicero*) a servi pour l'édition in-16 du Nouveau Testament, connue sous le nom de *O mirificam* ; et le plus gros caractère (*gros parangon*) a été employé pour l'édition in-folio du Nouveau Testament de 1550. Le présent volume est l'exemplaire même de François Ier, par ordre duquel ces caractères avaient été gravés. — *Vitrine* XXVII, n° 284.

11. — Nouveau Testament, texte grec. — *Paris, Robert Estienne,* 1546. In-16.

Édition dite *O mirificam*, d'après les deux premiers mots de la préface ; elle a été imprimée avec le plus petit des trois caractères dits grecs du roi (*typi regii*). — *Vitrine* XXVII, n° 285.

12 — Nouveau Testament, texte grec. — *Paris, Robert Estienne,* 1550. In-fol.

Édition imprimée avec le plus gros des trois caractères dits grecs du roi (*typi regii*). — *Vitrine* XXVII, n° 286.

MANUSCRITS
D'EUGÈNE BURNOUF

1. — Variantes contenues dans les manuscrits d'Anquetil-Duperron, qui renferment le texte zend du Vendidad Sadé. Le relevé des variantes est de la main de Burnouf; les titres des chapitres et les en-tête de colonnes sont de la main d'un copiste. — *Burnouf*, 2.

2. — Copie du Yaçna d'après le ms. 18 de la bibliothèque de la Compagnie des Indes; les variantes de deux autres manuscrits de la même bibliothèque ont été ajoutées en interligne. Travail exécuté par Burnouf, à Londres, en 1835. — *Burnouf*, 9.

3. — Essai d'un Dictionnaire zend, auquel Burnouf travaillait en 1825-1826. — *Burnouf*, 19.

4. — Lettres de James Prinsep à Eugène Burnouf.

Le volume est ouvert à la lettre du 17 juin 1837, dans laquelle Prinsep annonce à Burnouf sa découverte de l'alphabet *laṭ*. — *Collection particulière.*

5. — Mahàvaṁsa, en pàli, copié en 1826 par Burnouf, d'après un manuscrit de sir Alexander Johnston;

avec traduction latine interlinéaire. — *Burnouf*, 68.

6. — Index alphabétique des axiomes de Pâṇini, avec renvois à la grammaire de Bhaṭṭôdji ; transcrit en 1837 par un copiste, d'après les fiches que Burnouf avait faites longtemps auparavant. — *Burnouf*, 46.

7. — Durdjana mukhapa dmapâ dukâ et autres textes copiés par Burnouf, à Londres, en 1835, d'après des manuscrits de la Compagnie des Indes. — *Burnouf*, 41.

MANUSCRITS ORIENTAUX

DE LA

COLLECTION DE M. CH. SCHEFER

1. — *Kitab oul-madkhal fi ilm il-noudjoum*. Introduction à la science de l'astronomie, par ABOU MACH'AR MOHAMMED IBN OMAR EL-BALKHY.

La copie de ce manuscrit a été achevée par Aly el-Moutharriz, au mois de Safer de l'année 325 (décembre 936).

2. — *Kitab oul-Hamassah*. Le Livre des guerriers (et de leurs exploits), par ZIA EDDIN HIBET ALLAH ALY IBN MOHAMMED BEN HAMZAH EL-ALEWY EL-HOUSSEÏNY, mort en 542 (1147).

Ce volume a été copié sur l'exemplaire autographe de l'auteur; la copie en a été terminée le 3 du mois de Redjeb de l'an 563 (14 avril 1168).

3. — Recueil des poésies d'IBN HADJDJADJ ABOU ABDALLAH HOUSSEÏN BEN AHMED EL BAGHDADY, mort en 394 (1000).

Ce recueil de poésies a été divisé en cent quarante chapitres par Aboul Qassim Hibet Allah ben el-Hassan el-Istarlaby, mort en 534 (1139).

Cet exemplaire a été copié en 559 (1164) par le célèbre

5

grammairien Abou Mohammed ibn el-Khachchab, mort
à Baghdad en 567 (1172).

4. — *Rebi oul Abrar*, Le printemps des justes, par
ABOUL QASSIM MAHMOUD IBN AMR EZ-ZAMAKHCHARY ;
tome IIᵉ contenant dix-neuf chapitres.

Une inscription tracée en lettres d'or et placée en tête de
ce volume, nous apprend qu'il a fait partie de la bibliothèque du khalife Abbasside Moustancir billah (623-640
= 1226-1242).

Cette inscription est conçue en ces termes « (Pour) le
trésor noble et saint, se rattachant au Prophète, pur et
sans souillure de l'imam Moustancir. Que Dieu accorde
à celui qui le possède la perpétuité de la puissance et des
victoires de l'Islam, au nom de Mohammed et de sa fa-
mille ! »

5. — SALAH EDDIN KHALIL IBN AYBEK ESSAFEDY, Recueil des biographies des personnages illustres du
XIIIᵉ-XIVᵉ siècle, intitulé *Ayan oul açr*, ou *Awan oul
naçr*. Les grands personnages de l'époque et les
auxiliaires de la victoire.

Au commencement de ce volume se trouve une page
écrite par l'auteur, attestant que ce volume a été revu
par lui et donnant les noms des personnes qui en ont
entendu la lecture au pied de la muraille d'or, dans la
mosquée des Omeyyades, à Damas, en 758 (1357). Il y
a dans ce volume un grand nombre de feuillets supplé-
mentaires insérés par l'auteur. Ce volume a été copié pour
l'émir Ilbogha, atabek des troupes égyptiennes en Syrie.

6. — *Kitab ous-Samy fil Assamy*, par le cheikh ABOU NAÇR AHMED IBN MOHAMMED EL-MEÏDANY EN-NICHA BOURY.

Ce lexique dont les mots arabes sont expliqués en persan a été copié par Aboul Qassim ben Mohammed ben Aboul Qassim, le 9 du mois de Djoumazi el-akhir de l'année 592 (10 mai 1196). A la suite du *Kitab ous-Samy* se trouve le divan de NABIGHA dont les expressions difficiles sont expliquées et commentées en marge. La copie de ce dernier ouvrage a été achevée au mois de Redjeb de cette même année 592.

7. — Divan, ou recueil des œuvres poétiques du Sultan ABOUL GHAZY HUSSEÏN BEHADIR KHAN.

Ces poésies sont écrites en turc oriental. Sur la dernière page de ce volume, on lit une inscription nous apprenant qu'il a été copié à Hérat, pour la bibliothèque de ce prince, en 890 (1485) par le calligraphe Sultan Aly el-Mechhedy. Les cinq miniatures sont de la main de Béhzad et le portrait de Sultan Husseïn figure dans trois d'entre elles. Ce manuscrit a figuré ensuite dans la bibliothèque impériale de Delhi.

8. — *Mesneny Ma'nevy* de MAULANA DJELAL ED DIN ROUMY.

Ce manuscrit écrit en caractères neskhis sur quatre colonnes et dont les deux premières pages sont en lettres d'or, a été copié en 888 de l'hégire (1483) par Mohammed ibn Mohammed ben Ahmed el-Ançary.

9. — *Tohfet oul ahrar*, Présent aux gens qui se sont

consacrés à Dieu, poème de MAULANA ABDER-RAHMAN DJAMY.

La copie de ce manuscrit a été faite par Sultan Aly el-Mechhedy dans le courant de l'année 905 de l'hégire (1499-1500). Les miniatures sont de la main du miniaturiste Mahmoud, les autres ornements de celle de Cheikh Zadèh. Ce volume a appartenu à Akbar châh, puis à Châh Djihan qui a apposé son sceau sur la première page et écrit la note suivante : « O Dieu! Au nom d'Allah le clément, le miséricordieux. Le 25ᵉ jour du mois de Behmen correspondant au 8ᵉ jour de Djoumazi el-Akhir de l'année 1037 (14 février 1628), qui est le jour de mon avènement au trône béni par Dieu, ce volume est entré dans la bibliothèque de celui qui implore les grâces du Tout-puissant. Écrit par Chihab Eddin Mohammed Châh Djihan Châh, fils de Djihanguir Padichâh, fils d'Akbar Padichâh. La valeur de ce volume est de quinze cents roupies. »

LIVRES CHINOIS

DE LA

COLLECTION DE M. HENRI CORDIER

1. – Jch Otto von diemeringen ein ‖ Thůmherre zů
Metz in Lothoringen . han dises bůch verwandelt
vsz ‖ welschs vnd vsz latin zů tütsch durch das die
tütschen lüte ouch mögent ‖ dar inne lesen von me-
nigen wunderlichen sachen die dor inne geschribe
‖ sind . von fremden landen vñ fremden tieren von
fremden lüten vnd von ‖ irem glouben . von iren
wesen von iren kleider n . vnd vō vil andern wun ‖
deren als hie noch in den capitelen geschriben stat.
Und ist das bůch in ‖ fünf teil geteilt vnd saget das
erst bůch von den landen vnd von den we ‖ gen vsz
tütschen nider landen gen Jerusalem zů varen . vñd
zů sant Ka | ‖ therinē grab vnd zů dem berg Synai .
vnd von den landen vnd von den ‖ wundern die man
vnterwegen do zwischen vinden mag. Jtem von des
‖ herren gewalt vnd herrschafft der do heisset der
Soldan vnd von sinem ‖ wesen. Das ander bůch
saget ob ymant wolt alle welt vmbfaren was ‖ lands
vnd was wunders er vinden möcht. Jn manchen
steten vn in vil ‖ insulen dor inne er kame . vnd
saget ouch von den wegen vnd von den lā ‖ den vñ

lüten was in des grossen herrē land ist. ȝ do heisset zů latin Ma ‖ gnus canis | das ist zů tütsch der grosz hunt . der ist so gar gewaltig vnd ‖ so rich das im vff erden an gold an edlem gestein vñan anderm richtům ‖ niemant gelichen mag . on allein priester Johann von Jndia. Das drit ‖ bůch saget von des vor genanten herren des grossen hůnds glowben vñ ‖ gewonheit vnd wie er von erst her komen ist vnd von andern sachen vil ‖ Das vierde bůch saget von jndia vnd von priester Johann vnd von siner ‖ herschafft . von sinem vrsprung vnd von siner heiligkeit von sinem glou | ‖ ben von siner gewonheit vnd vil andern wundern die in sinem lande sind ‖ Das fünfft bůch saget von manchen heydischen glouben vnd ir gewon | ‖ heit vñ ouch von menigerlei cristen glouben die gensit mers sint die doch ‖ nit gar vnsern glouben hand. Jtem von menigerlei Jüden glouben vnd ‖ wie vil cristen land sint vnd doch nicht vnsern glouben haltend noch re | ‖ chte cristen sind.

In-folio gothique, *s. l. n. d* , sans ch., récl. ni signature; 102 ff. dont le premier blanc, à 38, 41 et 42 lignes à la page entière, avec 139 gr. sur bois dont quelques-unes ont été reproduites dans l'édition d'*Odoric de Pordenone* de Henri Cordier. C'est l'ex. trouvé par Tross et que Brunet assigne à Bâle? vers 1475. Il avait figuré à la vente de M. Grant, à Nancy, en avril 1833 ; il a passé depuis dans la collection du prince Galitzine.

2. — Een kort Beskrffning Vppå Trenne Reesor och
Peregrinationer | sampt Konungarijket Japan : I.
Beskrifweseen Reesa | som genom Asia | Africa och
många andra Hedniska Konungarijken | sampt öijar :
Med flijt är förrättät aff Nils Matson Kiöping, fördetta
Skepz Lieutnat. — II. Beskrifwes een Reesa till Ost
Indien, China och Japan : III, Med Förtälliande.
Om förbenembde stoora och mächta Konungarijketz
Japan Tillstand | sampt thesz Inwanares Handel och
Wandel : Förrättat och Beskrefwin aff Olof Erick-
son Willmann | Kongl : Mayst : tz Skepz = Capi-
taien. IV. Vthföres een Reesa ifrän Musscow till
China | genom Mongul och Cataia | öfwer Strömen
Obij : Förrättat affeen Rysk Gesandt | som till then
stoore, Tartaren Niuki war schickad... Tryckt pä
Wijsingz borg | aff Hans Hög Grefl : Näd : Rijkz
Drotzens Booktryckare Johann Kankel. Anno
MDCLXXIV. in-4, pp. 304 et 2 ff prél. pour le titre
et la préface.

De la presse particulière du comte Brahe.

3. — An || exact and || cvriovs svrvey || ot all the East
Indies, euen to Can||ton, the chiefe Cittie of China :
All || duly performed by land, by Monsieur || de
Monfart, the like whereof was || neuer hetherto,
brought || to an end. || Wherein also are described
the || huge Dominions of the great Mogor, || to whom
that honorable Knight, Sir || Thomas Roe, was lately

sent ‖ Ambassador from ‖ the King. ‖ Newly trans-
lated out of the ‖ Trauailers Manuscript. ‖ London,
‖ Printed by Thomas Dawson, for William ‖ Aron-
dell, in Pauls Church-yard, ‖ at the Angell. ‖ 1615,
pet. in-4, pp. 40 s. l'ép. et la préface.

Ex. avec une note du Dr A.-C. Burnell.

4. — Voyage ‖ faict par terre depuis ‖ Paris Jusques ‖
à la Chine. ‖ Par le Sr. de Feynes ‖ gentilhomme
de la mai‖son du Roy Et ayde ‖ de Mareschal de
Camp ‖ de ses armées. ‖ Auec son retour ‖ par mer.
A Paris. ‖ Chez Pierre Rocolet ‖ en la gallerie des
pri‖sonniers aux armes ‖ de la Ville. ‖ 1630, in-8,
pp. XVIII-212.

Macao et Canton sont les seuls points de la Chine visités
par de Feynes, qui est le même personnage que Mon-
fart (voir n° 3).

5. — Flora Sinensis, ‖ Frvctvs Floresqve hvmillime ‖
porrigens, ‖ serenissimo et poten-‖tissimo Principi, ac
Domino, ‖ Domino ‖ Léopoldo ‖ Ignatio, ‖ Hunga-
riae Regi flo‖rentissimo, etc. ‖ Fructus saeculo pro-
mittenti Augustissimos, ‖ emissa in publicum ‖ a ‖
R. P. Michaele Boym, ‖ Societatis Iesv Sacerdote. ‖
& A Domo Professâ ejusdem Societatis Viennae ‖ Ma-
jestati suae unà cum faelicissimi Anni apprecatione
oblata. ‖ Anno salutis ‖ M. DC. LVI. ‖ Viennae Aus-
triae, Typis Matthaei Rictij. In-fol.

23 figures coloriées.

6. — Breve || discvrso. || En qve se cventa la || Con-quista del Reyno de Pegu, en la In-||dia de Oriente, hecha por los Portu-||gueses dende el año de mil y seys-||cientos, hasta el de 603. || *Siendo Capitan Sa-luador Ribero de Soza, natural de* || *Guimaraès, a quien los naturales de* || *Pegu eligieron* || *por su Rey.* || Diri-gida al Excellentissimo Duque de Lerma. || *Escrita por Manuel d'Abreu Mousinho, Oy dor que fue en* || *la Chancilleria de Goa metropoli de las Indias Orien-*||*tales. natural de la Ciudad de Euora.* || En Lisboa, || Por Pedro Craesbeeck. Año 1617.

In-16.

7. — Journael, || Ghehouden door Zeyger van Rech-teren : || Op zyne gedane voyagie naer Oost-Indien. || [Portrait] || Tot Zwolle, || Ghedruckt by Frans Jor-rijaensz ende Jan Gerritsz, Boeck-||druckers. Anno 1635. || Met consent der selver Heeren. In 4, pp. 90 + 4 ff. prél.

> Port. sur le titre qui est semblable à celui de l'éd. suivante; poème *Sie hier*: ép. déd. aux États d'Over Yssel, diffé-rente de celle de l'éd. suivante, et les autres pièces de l'éd. suivante, sauf l'avis au lecteur qui diffère. Carte et pl.
> Très rare; l'ex. de Tiele n'avait ni la carte ni la planche que nous avons dans notre ex. que nous avons acheté de Müller, 1882.

8. — *King Pao*. — Gazette de Peking.

Spécimens des trois éditions.

9. — Vremde Geschiedenissen in de koninckrijcken
van Cambodia en Louwen-lant in Oost-Indien, ze-
dert den j. 1635 tot den j. 1644 aldaer voor-geval-
len. Mitsg. de Reyse der Nederlanders van Cambodia de Louse Rivier op, na Wincjan, het Hof van de
Louse Majesteyt enz... Haerlem, Pt. Casteleyn....
1669. Pet. in-4, mar. rouge.

> Front. gravé. — Relation du voyage de Gerard van Wusthof
> au Cambodge et au Laos.

10. — Memoires de la plus Part des choses que les six
Peres Jesuites françois, enuoyés a la Chine par Sa
Majesté très Chrétienne ont remarquées dans leur
voyage depuis Brest jusques a Siam.

> Pris sur l'original manuscrit du P. Bouvet. 1685.
> Ms. petit in-8° (in-12) de 405 pages; xvii° siècle; inédit, de
> la bibliothèque de **M. de Boze**, de Villenave et de Mi-
> chel Chasles.

11. — Éventail chinois populaire représentant l'incen-
die de l'église catholique et le massacre des étran-
gers à Tien-tsin, le 21 juin 1870.

12. — Tratados historicos.., Por el P. Maestro Fr.
Domingo Fernandez Navarrete... Vol. II, in-fol.

> L'ouvrage de Navarrete devait avoir trois volumes. Le se-
> cond a été imprimé en grande partie; peut-être même
> a-t-il paru en entier à Madrid en 1679 (*Biogr. univ.*,
> vol. XXX, pp. 249-250, art. *Navarette*, par Weiss). Il

nous a été impossible de le trouver dans les bibliothèques de Paris, mais un exemplaire des pp. 1-668, sans frontispice, est décrit dans la *Bibliotheca Grenvilliana*, p. 484, et nous l'avons examiné au British Museum. Ce vol., superbement relié en maroquin rouge, aux armes de Grenville, n'a pas de titre; il contient :

P. I. Controversias antigvas, y modernas de la mission de la gran China. *Tratado primero*. Prelvdios de estas controversias.

Un second ex. du vol. II des *Tratados* de Navarrete : *Controversias antiguas* a figuré en 1882 à la vente Sunderland à Londres; il a été acheté par Quaritch, qui l'a remis en vente dans un de ses catalogues (n° 24 de la Rough list, n° 61) au prix de liv. 12 (avec le 1er vol.). L'ex. est en tous points pareil à celui de Grenville et fait maintenant partie de notre collection particulière.

13. — Relatio Sepvl-||tvrae || Magno Orientis Apostolo S. || Francisco Xauerio erectae in || Insula Sanciano. Anno saecula || ri MDCC.

In-8° imprimé avec des caractères en bois sur papier de Chine plié en double à la manière chinoise. Les feuillets sont chiffrés sur la tranche avec des caractères chinois. Cet exemplaire, qui est celui de M. Jules Thonnelier, est, à ma connaissance, le seul avec le dernier feuillet. Relié en Chine à l'européenne.

14. — A Manual || for Youth and Students. || or Chinese || Vocabulary and Dialogues. Containing an || Easy Introduction to the || Chinese Language. ||

Ningpo Dialect. || Compiled and Translated into || English by P. Streenevassa Pel y. 1846.

Ce vol., extrèmement rare, est autographié à la manière chinoise sur doubles feuillets. Il comprend 282 ff. chif. pour le manuel, plus 3 ff. c. p. le tit. et la préf. datée *Chusan, May* 1846, + 3 ff. c. p. l'index du vocab. + 2 ff. c. + 6 ff. c. = 14 ff. c. prélim. L'auteur, d'après la préface, est un Hindou, né à Palaveram, près de Madras; il fit partie de l'expédition de Chine, amené par le cap. Macauley, commissaire général des troupes de Madras, était caissier, et demeura à Chousan de 1842 à 1846.

15. — Marco Polo || Venetiano || in cvi si tratta le mera-vi||gliose cose del mondo per lui uedute : del costu= ||me di uarij paesi, dello stranio uiuere di || quelli; della descrittione de diuersi || animali, e del trouar dell' o=||ro, dell' argento, e delle || pietre preciose, co=||sa non men uti||lle, che bel||lla. [Vignette.] || In Venetia, in 8 ; 56 ff. n. ch., sig. *a* —*g*, par 8.

A la fin : *Finito è lo libro de Marco Polo da Venetia delle* || *ma-rauegliose cose del mondo.* || *In Venetia per Matthio Pagan, in Frezaria,* || *al segno della Fede,* 1555.

Ex. Ambroise Firmin-Didot et Henri Cordier, m. pl. r. *Hardy-Mesnil.*

« Ristampa dell' edizione 1496. La edizione 1555 fu ripro-dotta dello stesso *Mathio Pagan* senza data. » (Lazari, p. 463.)

16. — Memorial apologetico al Exc^mo. Señor Conde de Villa-Hvmbrosa, Presidente del Consejo Supremo de

Castilla, &c. De parte de los missioneros apostolicos de el Imperio de la China. Representando los reparos qve se hazen en vn libro, que se ha publicado en Madrid este año de 1676. en grave perjuizio de aquella Mission. Contiene las noticias mas pvntvales, y hasta aora no publicadas de la vltima persecucion contra la Fe con vna breue Chronologia de aquel Imperio, y otras curiosidades historicas In-4°, 152 doubles pages, *s. l. n. d.*

> Réponse aux *Tratados* de Navarrete (voir n° 12); première édition d'un livre réimprimé sous le titre de *Reparos historiales*. Cf. *Bibl. Sinica*, col. 18-19.

17. — Carte originale sur parchemin des opérations de la flotte de l'amiral Bort contre les jonques et les troupes du fils de Koxinga à l'embouchure de la rivière de Fou-tcheou (août 1663).

> Un facsimile réduit de cette carte a été donné dans l'*Ile Formose,...* par C. Imbault-Huart... Paris, Leroux, 1893, in-4°. (*Galerie Mazarine.*)

18. — CARON (François), chef de la factorerie néerlandaise au Japon, directeur de la Cie française des Indes-Orientales, † 1674.

> P. s. sur Japon ; Firato (Japon), 15 févr. 1641, 6 p. 1/4 in-fol.
>
> Instructions que Caron donna, lors de son départ pour Batavia, à Max. Le Maire, qui lui succéda comme directeur du commerce néerlandais au Japon, et à Jean d'Elsenacq,

relativement à la remise de cadeaux à l'empereur du Japon. — (*Vestibule*, n⁰ 68.)

19. — GUISAIN (François-Gabriel), des Missions étrangères, † 17 nov. 1723. — L. a. s., en latin ; Tonquin, 15 nov. 1720. — (*Vestibule*, n⁰ 69.)

20. — MOTET (Jacques), de la Cⁱᵉ de Jésus, missionnaire à la Chine, † à Ou-tchang, 2 juin 1692 — L. a. s. de Canton, 7 déc. 1667. — (*Vestibule*, n⁰ 70.)

21. — PARRENIN (Dominique), de la Cⁱᵉ de Jésus, missionnaire à la Chine, † à Peking, 27 sept. 1741. — L. a. s. de Peking, 25 oct. 1723. — (*Vestibule*, n⁰ 71.)

22. — L. s., par Petrus Albertus VAN DER PARRA, gouverneur des Indes Orientales de 1761 à 1775. au Pavdeka Sidi Sulthan Radve Achmed Nadja Moedin. roi de Palembang ; Batavia, 3 juillet 1770, 1 p. in-fol.

Papier teinté à fleurs dorées. Document historique. Le gouverneur général et le conseil des Indes mandent qu'ils viennent de recevoir par l'agent de Son Altesse la valeur de 125.000 réaux d'Espagne accordée comme dédommagement d'une jonque et de marchandises spoliées et brûlées par les sujets du sultan, etc. — (*Vestibule*, n⁰ 72.)

23. — *Shun pao*. Journal de Shang haï, en chinois.

Imprimé en *bleu* pour la mort de l'empereur Toung tchi (1875). — (*Vestibule*, n⁰ 73.)

24. — *Shun-pao*. Journal de Shang haï, en chinois.

Imprimé en noir sur *rouge* pour l'avènement de l'empereur Kouang-su (1875). — (*Vestibule*, n° 74.)

25. — *Wei-pao*. Journal de Shang haï, en chinois.

Imprimé en *rouge* pour l'avènement de l'empereur Kouang-su (1875). — (*Vestibule*, n° 75.)

VOYAGEURS ANCIENS
EN ORIENT

1. — Livre des Merveilles, recueil des voyages en Orient de Marco Polo, Odoric de Pordenone, Jean de Mandeville, etc.; ms. du xive siècle.

Exemplaire orné de 266 miniatures, donné par le duc Jean de Bourgogne à son oncle Jean, duc de Berry. — *Ms. français* 2810.

2. — Marco Polo, Voyages en Orient, traduction latine de Fr. Pipino. — [*Anvers, Gerard Leeu,* 1484-1485.] In-4°.

Première édition latine de Marco Polo (Cordier, n° 10). — Imprimés, O*1.

3. — Marco Polo, Voyages en Orient, traduction portugaise. — *Lisbonne, Valentin Fernandez,* 1502. In-fol.

Première édition portugaise de Marco Polo (Cordier, n° 41). — Imprimés, O*2.

4. — Marco Polo, Voyages en Orient, texte italien. — *Venise, M. Sessa,* 1508. In-8°.

Troisième édition italienne (Cordier n° 16). — Imprimés, O*3.

5. — « Advis directif pour faire le passaige d'oultre mer, » composé en 1332 par le dominicain Brocard l'Allemand, traduit en français en 1455, sur l'ordre de Philippe le Bon, duc de Bourgogne, par Jean Miélot, chanoine de Lille ; suivi du « Voyage de Bertrandon de la Broquiere, qu'il fist en la terre d'oultre-mer, l'an de grâce 1432. »

Exemplaire de dédicace à Philippe le Bon, duc de Bourgogne, orné de miniatures. — *Ms. français* 9087.

6. — Livre de Jean de Mandeville, copié en 1371 par Raoulet d'Orléans et ayant fait partie des bibliothèques du roi Charles V et de Jean, comte d'Angoulême.

Ms. nouv. acq. franç. 4515 (anc. Barrois 282).

7. — Livre de Jean de Mandeville. — *Lyon, B. Buyer*, 1480-1481 . In-4°.

Seconde édition française des voyages de Jean de Mandeville. — Imprimés, O²*f* 3. — Il y a une autre édition française de Mandeville (Lantenac, 1487, in-4°), exposée dans l'armoire XXI, n° 317 *bis*.

AUTOGRAPHES D'ORIENTALISTES
ET OBJETS DIVERS EXPOSÉS

DANS LE VESTIBULE DU
DÉPARTEMENT DES MANUSCRITS

———

Dans le *vestibule du Département des Manuscrits* sont exposés :

1° Une série d'aquarelles encadrées reproduisant des monuments de l'ancienne Égypte, œuvres des dessinateurs qui accompagnaient l'expédition d'Égypte à la fin du siècle dernier ;

2° Nombreux ex-voto à Baal-Tanit, inscriptions puniques découvertes en Tunisie, données à la Bibliothèque Nationale par M. de Sainte-Marie, et reproduites dans le *Corpus inscriptionum semiticarum*, publié par l'Académie des Inscriptions ;

3° Quatre compositions japonaises relatives à la légende de Taira-no-Kiomori, constructeur du grand temple de Miashima, qui vivait du temps de l'empereur Taba (an 1161 de notre ère).

I. Taira-no-Kiomori allant en pèlerinage à Miashima fut surpris par un typhon terrible ; l'apparition d'un dragon sortant des nuages vient redoubler la frayeur des pèlerins.

II. La déesse Bensaitenck, qui ramène le bonheur, vint calmer la tempête, elle prit dès lors Taira-no-Kiomori sous sa protection et lui donna un pouvoir dont celui-ci ne tarda pas à abuser.

III. Un jour Taira-no-Kiomori, priant à Miashima, voulut, dans l'ivresse de la toute-puissance, faire reparaitre le soleil au moment où il se couchait.

IV. Les Éléments, pour punir cette tentative sacrilège, allumèrent un feu inextinguible dans le corps de Taira-no-Kiomori. Ses concubines s'emploient à lui procurer un peu de fraicheur en préparant des bains froids et en agitant leurs éventails trempés dans l'eau.

4º Une collection d'autographes d'orientalistes des XVIIe, XVIIIe, et XIXe siècles [1] :

1. Abbadie (Ant. d'),	10. Botta (P.-E.),
2. Anquetil-Duperron,	11. Burnouf (Eug.),
3. Ariel (E).	12. Champollion le jeune,
4. Bardelli (J.),	13. Cureton (W.),
5. Benary (Ferd.),	14. Deshauterayes (Leroux-),
6. Benfey (Th.),	
7. Berthereau (Dom),	15. Dillmann (R.),
8. Boetticher (Paul),	16. Dozy (R.),
9. Bohlen (P. von),	17. Du Cange,

1. La plupart de ces lettres autographes, adressées à Eug. Burnouf ou à J. Mohl, ont été gracieusement prêtées par Mᵐᵉ L. Delisle, née Burnouf, et par la Bibliothèque de l'Institut.

18. Ewald (G.-H.-A.),
19. Fleischer (H.),
20. Fluegel (Gust.),
21. Foucaux (P.-E.),
22. Foucquet (le P.),
23. Fourmont (Ét.), Épreuves de sa *Grammaire chinoise.*
24. Galland (Ant.),
25. Garcin de Tassy,
26. Gaubil (le P.),
27. Goldstücker (Th.),
28. Gorresio (G.),
29. Hammer-Purgstall,
30. Haughton (G.),
31. Hodgson (B.),
32. Johnston (Alex.),
33. Julien (Stanislas),
34. Klaproth (J.),
 * Lagarde H. V. Boet-ticher.
35. Langlès (L.-M.),
36. Langlois (A.),
37. Lassen (Chr.),
38. Le Gac (le P.).
39. Lepsius (Rich.),
40. Lucas (Paul),
41. Mohl (J.),
42. Munster (Lord),
43. Nève (Félix),
44. Olzhausen (Justus),
45. Pauthier (J.),
46. Pavie (Th.),
47. Peiresc (Cl. Fabri de), Procédé d'impression en langues orientales à lui communiqué par le P. Gilles, de Loches [1],
48. Place (Victor),
49. Pott (Aug.-Fr.),

1. « Sur une planche de bois dur, on étendait un vernis composé d'huile de lin et de noir de fumée; puis on coulait sur cette planche, garnie tout autour d'un châssis ou cadre, de l'épaisseur d'une pièce d'argent, un mélange de cire blanche fondue et d'un peu de térébenthine. Sur cette couche de cire refroidie, on traçait à l'aide d'un poinçon, pénétrant jusqu'au vernis, le texte qu'on voulait reproduire et dont les caractères apparaissaient en noir sur la planche. Ceci fait, on

<table>
<tr><td>

50. Regnier (Ad.),
51. Reinaud (J.-T.),
52. Rémusat (Abel),
53. Renan (Ernest),
54. Renaudot (Eusèbe),
55. Rosen (F.),
56. Rost (Reinhold),
57. Sacy (Silvestre de),
58. Schelling (J.-F.),
59. Slane (M.-G. de),
60. Tod (James),
61. Turnour (G.),

</td><td>

62. Upham (Edw.),
63. Vestergaard (N.-L.),
64. Wansleben (le P.),
65. Wilson (John),
66. Windischmann (Fr.),
67. Wylie (A.),

68 à 75. — Pièces exposées par M. H. Cordier, décrites p. 61-63.

76 à 102. — Cartes géographiques, qui suivent.

</td></tr>
</table>

prenait un second châssis, épais de deux doigts environ, qu'on posait sur le premier, et, après avoir légèrement humecté la planche avec un peu d'eau de savon, on versait dans la cuvette, formée par ce second châssis, une pâte claire, composée d'une partie de farine d'orge, deux parties de sciure de bois dur, une partie de brique pulvérisée, mélangées et passées au tamis, avec addition d'eau gommée. Cette pâte, une fois sèche, était détachée du moule et formait un véritable cliché en relief. Pour tirer des épreuves de cette planche, on étendait à la surface une encre non grasse, à l'aide d'un gros pinceau, et, en pressant avec un tampon de serge, on obtenait l'empreinte des caractères sur une feuille de papier. Après le tirage, les planches brisées en morceaux et mises dans l'eau étaient de nouveau réduites en pâte, et il suffisait d'y ajouter seulement un peu de gomme ou de colle forte pour se servir presqu'indéfiniment de la même pâte » (6 mai 1634). — *Collection Dupuy*, ms. 688, fol. 64.

CARTES, PLANS ET GLOBES
MANUSCRITS ET GRAVÉS
RELATIFS A L'ORIENT

76. — Carte de la présidence de Bombay, en guzarati.

77. — Carte de l'Extrême-Orient, par Henri-F. de Langren (1595).

78-81. — Plans de Manille, de Samboangan et de Cavite, par Francisco Suarez, Indien tagal, avec une suite de dessins relatifs aux mœurs et aux types des habitants des Philippines. Ces gravures doivent accompagner la carte des Philippines du P. Murillo Velarde (1734).

82-83. — Deux feuilles de la carte du Tangut. Manuscrit de Klaproth.

84. — Une feuille d'un atlas portugais, du milieu du xviᵉ siècle, attribué par quelques-uns à Diego Homem.

85. — Plan manuscrit de la colonie hollandaise de Hougly, du milieu du xviiᵉ siècle.

86. — Asia polyglotta, von J. Klaproth (1823).

87. — Carte faite sur les lieux, par Daniel Tavernier, en plusieurs voyages qu'il a fait (*sic*) au Tonquin.

88. — Carte manuscrite de la Basse Égypte et du cours du Nil, depuis le Caire jusqu'à ses embouchures, dressée sur les lieux par M. Paul Lucas, en l'année 1717.

89. — Carte manuscrite d'une partie de la côte de Ceylan voisine de Pointe-de-Galles, du milieu du xvii⁰ siècle.

90. — Carte gravée à l'eau forte, peu postérieure à 1580, des localités visitées à cette époque par les Portugais.

91. — Carte manuscrite, par l'ingénieur J. Clookzee, des côtes de Malabar, de Maduré et d'Inchiado (1699).

92. — Fac-simile des découvertes de de Vries, en 1643, dans les archipels du Japon et des Kouriles, d'après le ms. des archives de La Haye.

93. — Partie de la province de Solykamskoy..., par Moltchanov; copie manuscrite rapportée de Russie par J.-N. Delisle l'astronome.

94. — Carte manuscrite du royaume des iles de Lieoukieou en Chine, dessinée... par le P. Gaubil, jésuite, le 6 novembre 1752.

95. — Photographie de la mappemonde turque de Hadji

Ahmed (1559), de la bibliothèque de Saint-Marc, à Venise.

96. — Une des trois cartes manuscrites dressées par C.-A. van Leiepken pour suivre les opérations des troupes de la Compagnie des Indes, de 1678 à 1740, à Java.

97-98. — Deux feuilles de cartes manuscrites de la Chine, sur calque, XVIIIe siècle.

99. — Description manuscrite de Géorgie et d'Azerbijane, par M. Pétis de La Croix (avril 1750).

100. — Carte portugaise de la chrétienté de saint Thomas, ayant pour titre : Serra de Malavari.

101. — Carte de ce qui appartient à l'empereur de la Chine dans l'île de Formose, faite par ordre de l'empereur Kamhi.

102. — Carte manuscrite du nord-est de la Chine et de la Sibérie, d'après des documents russes utilisés par J.-N. Delisle.

VESTIBULE DE LA SECTION DES CARTES.
(N°s 149-171).

149. — Carte de la Chine, en chinois, XVIIe siècle.

150. — Atlas manuscrit de Battista Agnese, fait à Venise le 25 juin 1543.

151. — Carte javanaise.

152. — Mémoire de d'Anville sur la Chine (1776).

153. — Carte du Thibet, en caractères typographiques.

154. — Atlas manuscrit portugais, de la première moitié du XVIIe siècle.

155. — Jeu de l'oie japonais géographique.

156. — Astrolabe persan, du milieu du XVIIe siècle, fait par Mohammed Mehdi.

Sur la tranche, invocation aux douze imams chiites, comme sur les monnaies d'Abbas II (1642-1666 de notre ère).

157. — Globe arabe par Djemal-Eddin-Mohammed, de 981 de l'hégire (1573 de notre ère).

158. — Astrolabe arabe construit par Ahmed-ben-Khalaf pour Djafar, fils de Moktafi Billah, né en 294 de l'hégire, mort en 377 (905 à 987 de notre ère).

159. — Carte manuscrite de la Syrie pour Marino Sanudo, par Pizigano (XIVe siècle).

160. — Miroir magique, au nom de l'émir Ortokide Ortok châh, qui régna à Khartapirt (Arménie) de 622 à 631 de l'hégire (1245-1254).

L'original, qui appartenait en dernier lieu au duc de Blacas, a été décrit par Reinaud : *Monuments arabes et persans du cabinet du duc de Blacas*, II, 404 suiv.

161. — Petite boussole chinoise.

162. — Boussole chinoise.

163. — Carte de l'Asie, en arménien (1787).

164. — Globe céleste, arabe-koufique, en cuivre, du xie siècle environ.

165. — Globe manuscrit, dit globe vert, du premier quart du xvie siècle.

166. — Carte manuscrite française, sur parchemin, du cours inférieur du Bengale (*sic*), 1732.

167. — Carte manuscrite de l'Amour et des pays voisins, dressée d'après des documents russes et rapportée par J.-N. Delisle l'astronome (xviiie siècle).

168. — Carte autographe de l'Égypte, par G. Delisle (1698).

169. — Globe en bois, de la première moitié du xvie siècle.

170. — Globe en cuivre, gravé à Rouen, du milieu du xvie siècle.

171. — Carte du cours du Gange, dressée sur les cartes du P. Tiefentaller, par Anquetil Du Perron (1784).

VESTIBULE,

SALLE DU PARNASSE ET GALERIE MAZARINE.

(N°s 172-188.)

172. — Carte manuscrite de la mer Caspienne, en russe, par Carl von Werden (1721).

MONUMENTS ORIENTAUX

CABINET DES MÉDAILLES

Les vitrines IX, 8 et IX, 7 contiennent une exposition des monnaies musulmanes. Dans la vitrine IX, 8 sont les monnaies arabes proprement dites. L'ordre suivi (celui du catalogue en préparation) est : 1° khalifat oriental; 2° dynasties d'Espagne et d'Afrique; 3° dynasties d'Égypte et Syrie; 4° dynasties orientales.

Les premières monnaies arabes sont l'imitation des types byzantin d'Asie et latin d'Afrique. La première pièce exposée est remarquable par le type des trois empereurs (Héraclius, Héraclius Constantin, Héracléonas). Les deux pièces suivantes sont des imitations du *follis* byzantin (d'où le nom de *fels* donné aux cuivres arabes) ; l'une est frappée à Hims, comme l'atteste l'inscription arabe; l'autre présente des monogrammes himyarites. Le type latin d'Afrique et d'Espagne est représenté par une pièce d'or globuleuse à inscriptions latine et arabe et un cuivre à effigie grossière. Les septième et huitième pièces sont des imitations du type sassanide par lesquelles a commencé le monnayage d'argent : la plus grande est au nom du célèbre Haddjadj ibn Yousouf ; la suivante est le *tabari*, frappé par les gouverneurs semi-indépendants du Tabaristan, qui y inscrivent leur nom en pehlvi et en arabe.

Ces huit pièces représentent les débuts. Le khalife Abd al-Malik fit, en 77 de l'hégire, à la suite de démêlés avec les empereurs, une réforme monétaire qui supprima les effigies byzantines et sassanides. Côte à côte sont placés les deux types du *dinar*[1] d'Abd al-Malik : le premier, daté de 77, garde encore l'effigie ; le second, daté de 78, n'a plus que des inscriptions arabes et servira de prototype désormais au dinar. Dans toute la suite de la numismatique arabe, la pièce d'or ne portera plus d'effigie.

Le dirhem[2] placé à côté servira également de prototype. Nous verrons cependant qu'il présente plus de variété aux diverses époques et qu'il s'y trouve différentes représentations d'animaux, cavaliers, etc.

Les divisions du dinar : le tiers (*toult*), le demi

1. *Denarius*, monnaie d'or.
2. *Drachme*, monnaie d'argent.

(*nisf*) sont représentées par les n°ˢ 11 et 12 ; puis vient le dinar de Hichâm, célèbre par sa pureté.

Le dirhem des derniers Omeyyades et celui des prétendants abbassides sont côte à côte. Le second ne diffère que par les légendes religieuses.

Les dinars qui suivent montrent la continuité du système sous les Abbassides. Exceptionnellement un dinar d'Al-Mouktadir présente, outre l'inscription arabe, un symbole énigmatique. Sous ce même khalife sont frappés des dirhems plus singuliers, l'un au type du lièvre, l'autre au type du bœuf bossu (*nandi*) de Kaboul.

Il semble qu'à partir de ce moment le plus grand caprice règne dans le monnayage ; dinars et dirhems ont tous les modules et tous les poids. Quelques spécimens de grands dinars et de petits dirhems donnent une idée de ces variations plus sensibles chez les derniers khalifes.

A la série des dinars et dirhems des khalifes orientaux s'ajoutent quelques fels à légendes pieuses, à noms de gouverneurs Au témoignage de Makrizi, les pièces de cuivre n'étaient qu'une monnaie conventionnelle et d'appoint. Le plus souvent leur frappe paraît avoir été le privilège des gouverneurs ou seulement des *mohtasibs*.

Telles sont les phases les plus intéressantes de

généralement circulaires se multiplient; quelquefois elles se croisent, affectent des formes de croix, roues, etc. Ces enlacements de légendes se retrouvent chez les Normands de Sicile.

L'argent est exceptionnellement rare dans le monnayage fatimide; le cuivre encore plus. Makrizi prétend même que le cuivre était inconnu; nous en avons cependant quelques spécimens : peut-être ne furent-ils pas frappés en Égypte même.

En revanche, les Ayyoubites qui leur succcèdent inondent l'Égypte des gros cuivres de Mésopotamie, dont nous parlerons bientôt. Ils en frappent, à leur nom, sur ce modèle, mais seulement dans leurs possessions d'Orient. En Égypte et en Syrie, ils gardent un temps le type fatimide, puis adoptent un type spécial caractérisé par la variété des lignes d'encadrement des légendes (carrés, multilobes, hexagones étoilés, etc.). C'est, semble-t-il, de ce type décoratif que saint Louis s'inspira pour la création de ses nouvelles monnaies.

Les Mamlouks, qui succèdent aux Ayyoubites, abandonnent leurs grosses monnaies de cuivre, mais multiplient ces types de fels que Makrizi réprouve à diverses reprises. Leur monnayage est des plus capricieux et des plus incohérents. Les dinars varient de poids à l'infini, les dirhems ne sont le

plus souvent que des *coupures*, et les inscriptions n'y
sont marquées que par fragments ; les fels présentent
des emblèmes divers : fleurs de lis, lions, oiseaux,
dessins géométriques, etc. Toutefois, à l'époque
de Faradj, le dinar subit une transformation remarquable. Kalkachandi nous apprend que le ducat
vénitien faisant prime par le bon aloi de son or et
la fixité de son poids, Faradj créa un nouveau dinar
d'un poids fixe égal à celui du ducat. Ce type, en
effet, resta jusqu'à l'arrivée des Ottomans et il est
caractérisé par deux traits qui séparent le champ en
trois parties remplies d'inscriptions ; ces deux traits
affectent plus tard la forme de sinuosités plus ou
moins régulières.

Mentionnons, avant de quitter l'Égypte, la seule
dérogation connue au principe du dinar sans figures.
La monnaie d'or de Beïbars représente le lion passant, armoiries de ce sultan.

Nous passons, en dernier lieu, aux monnaies
des dynasties d'Orient. Elles ne se distinguent,
tout d'abord, de celles du khalife, que par l'adjonc-
tion des noms de divers princes et n'offrent, en
somme, qu'un intérêt historique. Parmi les plus
curieuses, je signale une pièce octogonale et cou-
lée, portant le nom du célèbre *Sahib* (vizir) des
Bouweïhides Ibn Abbad ; c'est un type unique de

8

la numismatique arabe ; — le dinar d'un grand maître des Assassins ; — les dinars des Alides du Yemen à imitation du type des Fatimides qu'ils reconnaissaient pour leurs imams. Mais, pour le visiteur, l'intérêt se portera surtout du côté du monnayage singulier né de l'imitation byzantine du XIII° siècle et dont les Seldjoukides de Roum donnent le signal. C'est d'abord le buste de face du Christ ou le saint Georges qui inspirent les premiers graveurs ; puis les types orientaux, comme le lion passant devant le soleil, l'archer à cheval, etc. sont en faveur. Ce monnayage devient à la mode chez tous les petits princes voisins des Seldjoukides de Roum : Danichmendites d'Arménie, Atabeks de Mossoul et Sindjar, Ortokides de Mésopotamie, etc. Quelques-unes de ces grosses pièces portent le nom de dirhems. Elles ont eu une vogue et une circulation prodigieuses. C'est la tentative la plus curieuse faite par les peuples musulmans dans l'art de la représentation figurée, qu'un préjugé moderne s'obstine à considérer comme défendue par le Coran.

Le visiteur se fera une idée de la grande variété et du caractère singulier de ces types en regardant la série des petits princes d'Arménie, appelés Danichmendites, qui ont des monnaies grecques, grécoarabes, arabes pures, des types de figures imitées des Byzantins, d'autres imitées de pièces antiques romaines ou parthes, d'autres purement orientales. Il serait trop long d'entrer dans le détail des représentations si diverses des autres dynasties. Je ne puis cependant manquer de signaler une pièce d'un travail vraiment artistique, celle de l'Ortokide Kara-Arslan, frappée en 559, et représentant le buste d'un roi de face.

Devant la vogue de ces fels, le dirhem et surtout le dinar se font de plus en plus rares ; cependant ils réapparaissent vers le milieu du XIVe siècle, surtout à Mossoul. On remarquera le dinar et le dirhem de l'Atabek Loulou, qui portent les noms du grand kân mongol, Mangou. C'est la fin du khalifat abbasside et des dynasties indépendantes d'Orient. La dernière qui arrêta un temps les Tartares, celle du Khwarizm châh est représentée par une large pièce de cuivre à inscriptions.

Dans la vitrine IX, 7 sont exposées les pièces musulmanes frappées par les grands empires qui se sont partagé l'Orient après la chute du khalifat.

En premier lieu, les descendants de Gengiskhan, qui adoptent en Perse et en Mésopotamie le type arabe, tout en y ajoutant des légendes mongoles en caractères *ouïgours*. Leur monnayage est remarquable par la prodigieuse variété des types, qui s'explique par ce fait qu'ils ont frappé monnaie dans presque toutes les villes de leur immense territoire. Dans certains ateliers monétaires la frappe est des plus barbares : le graveur ne comprenait ni les caractères arabes, ni les caractères ouïgours, encore moins les caractères *pa-se-pa*, qu'on ne trouve que par exception, il est vrai, sur la monnaie de Ghazân Mahmoud.

Les figures n'apparaissent pas sur les dinars, elles sont rares sur les dirhems, assez fréquentes sur les fels.

Les Djelaïrides de Bagdad ont un type élégant d'écriture.

Les Timourides se rattachent au type persan ; les khans de Crimée au type ottoman. Les dynasties du Turkestan, comme la Horde d'or[1], les khans de Bokhara, de Khiva, etc. sont représentés par quelques spécimens.

Les dynasties turcomanes forment deux groupes distincts : celles de Mésopotamie (Kara-kuyunli et Ak kuyunli) et celles d'Asie Mineure. Elles furent peu à peu absorbées par la puissance ottomane.

---

1. Dont les monnaies ont été copiées par les princes de Russie, vassaux des Mongols.

On remarquera que le dinar des Kara-kuyunli et des Ak-kuyunli est frappé sur le modèle du dinar des derniers Mamlouks d'Égypte, leurs contemporains; leur dirhem s'inspire de celui de leurs voisins d'Orient, les Timourides; souvent même il n'est pas autre chose qu'un dirhem timouride plus ou moins défiguré par une surfrappe.

La numismatique ottomane débute avec Orkhan, en 729 de l'hégire. Elle se borne d'abord à l'argent (*akicheh*) et au cuivre (*manghir*). Après la conquête de Constantinople apparaît l'or (*altoun*). A partir d'Ahmed III (1123 de l'hégire), une réforme monétaire eut lieu, qui établit des divisions nombreuses dans les différents métaux. Une série assez complète des monnaies d'Abd ul Medjid est exposée pour en donner une idée ; ce sont les *Medjidieh* : or, 100 et 50 piastres ; argent, 20 piastres, 5 piastres, 10 para ; cuivre, 1 para.

Dans l'ensemble de l'exposition, les pièces les plus remarquables sont les suivantes : la première pièce d'or frappée à Constantinople, en 886 de l'hégire (1482) ; les premières pièces frappées en Égypte (au type des derniers Mamlouks), à Alger, à Tlemcen (au type des anciens souverains), à Bagdad ; la grande médaille d'or d'Ahmed III; l'essai monétaire ovale en or, de l'an 1168; la

S.

grande plaque d'or à inscription religieuse (sur le revers on lit la *toghra* de Mahmoud Ier).

La numismatique persane indépendante commence avec les Sofis ; les inscriptions mentionnent les formules religieuses écrites en arabe ; puis la langue persane y domine, les souverains y font graver leurs devises en vers. Avec Feth Ali apparaissent les effigies.

Les dénominations des monnaies persanes ont beaucoup varié. Aujourd'hui, ce sont les suivantes : or, *touman*, argent, *karan*, cuivre, *châhi*. Depuis 1294 de l'hégire (1877), le seul atelier est Téhéran. Autrefois, l'or et l'argent étaient frappés au nom du châh dans un grand nombre de villes ; la frappe de cuivre était laissée aux villes elles-mêmes ; de là la variété curieuse des types, rappelant, toutes proportions gardées et sans aucune comparaison artistique, la variété de l'antique numismatique grecque.

Les plus remarquables des pièces exposées sont la grande médaille d'or, frappée à Tibriz par Tahmasp II, les monnaies à forme oblongue de Houseïn et de Tahmasp II, la pièce d'or à effigie de Nasir eddin.

A la suite de la Perse est l'Inde moderne, dont le monnayage subit d'abord directement l'influence arabe et persane avec les sultans de Dehli, puis les Grands Mogols. Mais sur beaucoup de points, la numismatique a des types indépendants et, çà et là, l'étrangeté des formes nous annonce le voisinage de l'Extrême-Orient.

Les sultans de Dehli ne nous arrêteront guère, car, sauf la rudesse de l'écriture, leurs monnaies ne diffèrent en rien de celle des innombrables dynasties musulmanes déjà vues. Les Grands Mogols sont beaucoup plus intéressants par l'abondance de leur or et les effigies et figures en relief nombreuses qui y sont gravées. On remarquera la série entière des pièces aux types des douze signes du Zodiaque, frappées par Djihânguir. Les dénominations les plus généralement adoptées de leurs monnaies sont : or, *mohr*, argent, *roupie,* cuivre, *dam.* La roupie au nom d'Alamguir II, puis de Châh-Alam est restée le type de la monnaie courante de l'Inde contemporaine, jusqu'à l'époque de son absorption dans l'empire anglais.

Dans l'Inde méridionale, les sultans de Mysore ont gardé les traditions musulmanes, mais les rajahs des côtes, de Ceylan, etc. adoptent les types purement indous et l'alphabet sanscrit, tamoul ou telugu.

Les dénominations monétaires sont variables,

pagodes, fanons, etc. ; on les trouvera indiquées aux diverses monnaies.

Pour compléter cette exposition de la numismatique musulmane il a paru intéressant de montrer quelques spécimens des étalons monétaires qui ont servi de base au système d'Abd al-Malik. Nous savons, par un historien arabe, que les étalons (*sandjats*) choisis pour les monnaies étaient en verre. Nous exposons un étalon au nom d'Abd al-Malik.

Les autres portent en général le nom de gouverneurs de l'Égypte et l'indication de poids (*mithkal*) de dinar, demi-dinar, tiers de dinar, dirhem, fels. Rogers-bey est le premier qui ait démontré que ces pièces curieuses étaient non des monnaies, mais des poids monétaires.

———

Parmi les monuments orientaux exposés au Cabinet des Médailles il convient de signaler, outre les cylindres babyloniens, et assyriens, les pierres gravées égyptiennes, perses, phéniciennes, sassanides, himyarites, arabes, etc., diverses pièces uniques ou à peu près et d'un grand intérêt :

La célèbre pierre cunéiforme connue sous le nom

de Caillou Michaux, le vase égyptien au double cartouche de Xerxès en hiéroglyphes et en cunéiformes (vitrine XXII, 13), la règle en basalte de Darius (inscription cunéiforme exposée à l'entrée).

Au bas de l'escalier et dans l'escalier, de nombreuses inscriptions phéniciennes, himyarites, coptes, etc. (un choix de pierres carthaginoises est exposé dans le vestibule du Département des Manuscrits), les célèbres monuments égyptiens : le Zodiaque de Dendérah et la Salle des Ancêtres.

Un masque bactrien de très beau style, en bronze, avec une inscription en caractères indo-pâlis, rapportée de l'Inde par le général Court.

La coupe en or cloisonné de médaillons en verres colorés, au centre de laquelle est un cristal de roche, gravé en relief, représentant un roi sassanide, de face, assis sur un trône sculpté. Longpérier, par comparaison avec une monnaie d'or portant le nom de Chosroès, a identifié ce roi sassanide : le Chosroès de la monnaie et de la coupe parait être Chosroès II, qui régna de 591 à 628. La coupe est exposée dans la grande vitrine du centre ; elle porte le n° 379 du catalogue des Camées.

Les camées sassanides, très rares et très précieux : le n° 359, malheureusement brisé, d'un style très pur, qui représente Ardechir domptant un taureau ;

(instrument appelé par les astronomes arabes : patte de sauterelle, *sâk el-djerâda*), au nom du sultan Noureddin, faite en 554 de l'hégire, pour les latitudes de 33 et 36 degrés [1].

Plus moderne est le camée n° 366 fait en l'honneur du grand Mogol de l'Inde Châh Djihân. Le grand Mogol d'un coup d'épée merveilleux fend en deux un lion acharné sur un homme renversé. L'artiste a gravé d'une écriture microscopique d'une rare élégance : « Portrait du padichâh Châh Djihan — œuvre de Kan Atem ».

[1]. La Bibliothèque Nationale possède d'autres instruments astronomiques arabes exposés dans le vestibule de la Section des Cartes.

TABLE DES MATIÈRES

ANGERS, IMPRIMERIE ORIENTALE DE A. BURDIN.

Angers, Imprimerie Orientale de A. Burdin.